CATEGORY
CREATION

定位经典丛书

品类创新

成为第一的终极战略

张 云◎著

机械工业出版社
CHINA MACHINE PRESS

图书在版编目（CIP）数据

品类创新：成为第一的终极战略 / 张云著 . —北京：机械工业出版社，2022.11
（2024.12 重印）
（定位经典丛书）
ISBN 978-7-111-71769-0

I . ①品…　II . ①张…　III . ①营销战略　IV . ① F713.50

中国版本图书馆 CIP 数据核字（2022）第 186785 号

品类创新：成为第一的终极战略

出版发行：机械工业出版社（北京市西城区百万庄大街 22 号　邮政编码：100037）

责任编辑：刘　静　　　　　　　　　　　　责任校对：韩佳欣　　张　薇

印　　刷：北京铭成印刷有限公司　　　　　版　　次：2024 年 12 月第 1 版第 6 次印刷

开　　本：170mm×230mm　1/16　　　　　印　　张：14.5

书　　号：ISBN 978-7-111-71769-0　　　　定　　价：89.00 元

客服电话：（010）88361066　68326294

谨以此书献给史上最伟大的战略家艾·里斯，是他把我带入商业的认知世界。

目录

今天，全世界的企业管理层把大部分时间都花在创新上，希望以此获得更好的产品、更高的定价、更多的分销、更低的生产成本等。但遗憾的是，更好的产品不能占领顾客心智，企业只能以"更好的认知"获胜。如何在顾客心智中为你的产品创造更好的认知？答案是成为一个品类的领导者。那么，如何成为一个品类的领导者呢？

创造一个新品类。

2017年，在第三届定位中国峰会上，我的合伙人、里斯战略定位咨询全球CEO张云做了"品类的诞生与战略的终结"的演讲，他演讲的内容令我倍感震惊。后来，在我的要求下，他专门系统地整理了他的完整想法，向我介绍了他关于"品类创新"的理论和方法，直到那时，我才意识到，这是一个如此革命性的观念，甚至超过了五十多年前我和杰克·特劳特提出的定位，于是我建议他把这个革命性的观念写成书出版，让全球的企业家和创业者学习。

在我看来，品类创新是在潜在顾客心智中建立领导地位的最佳方式之一。这就是为什么我认为这个想法如此具有革命性。这是定位的最终目标，而不仅仅是定位品牌的另一种方式。这句话可以概括为"品类创新是建立品牌的最佳方式之一"。

当企业创建一个新品类时，其品牌将自动成为领导者，因为该品类中没有其他品牌。而领导者将占据顾客心智中最好的位置，因为顾客认为领先品牌必须更好。每个人都知道最好的品牌才能在市场上获胜。换言之，品类创新不是"定位的新发展"，而是品牌定位的终极方式。

过去，我们建议客户寻找与市场领导者差异化的方法。比如，红牛是市场上第一款能量饮料，推出250毫升罐装。因此，魔爪推出了一种500毫升罐装能量饮料，成为仅次于红牛的第二大品牌，占美国市场的 39%，而红牛的市场份额为 43%。从品类创新的角度看，魔爪开创了一个名为"大容量能量饮料"的新品类。实际上，几乎所有第二大品牌的成功营销活动都是基于开创一个新品类。"品类创新"成功的原因之一，是让品牌聚焦新品类。

要真正实现品类创新并不容易，尤其对于大企业而言。比如今天发生在汽车市场中的故事：一个叫作电动汽车的新品类诞生了，为了和特斯拉竞争，包括宝马、雪佛兰、菲亚特、福特、本田、现代、起亚、奔驰、三菱、日产、Smart、大众在内的几乎每一家主流汽车厂商都推出了电动汽车。

以下是主流汽车厂商推出的一些电动汽车。

| 宝马 | 雪佛兰 | 菲亚特 | 福特 | 本田 | 现代 |
| 起亚 | 奔驰 | 三菱 | 日产 | Smart | 大众 |

所有电动汽车都是品牌延伸的产物，没有一款使用新品牌名。历史规律告诉我们：一个新的品类总是以一个新的品牌名而闻名，而非通过现有品牌名进行产品线延伸。

1885 年和 1886 年的德国，卡尔·本茨和戈特利布·戴姆勒（Gottlieb Daimler）各自发明了汽车，1926 年合并为戴姆勒 - 奔驰（Daimler-Benz）。几年后，美国最大的自行车公司哥伦比亚（Columbia）决定制造汽车。哥伦比亚使用了什么品牌名呢？当然是哥伦比亚。实际上，哥伦比亚是 1898 年和 1899 年美国最畅销的汽车品牌，当时销售了 550 辆汽车。

好景不长。一个新的品类需要一个新的品牌名。1900 ～ 1902 年，蒸汽驱动的汽车 Locomobile 超越哥伦比亚成为最畅销的汽车品牌。在那 3 年中，前者售出了 11 759 辆汽车，占市场的 38%。

蒸汽驱动的汽车最终将被汽油驱动的汽车取代。Locomobile 看到了这一趋势，因此在 1902 年推出了汽油驱动的汽车。它使用了什么名字呢？

当然还是 Locomobile。这是一个重大错误。一个新的品类需要一个新的品牌名。这也是我们现在看不到 Locomobile 品牌的原因之一。

毫无疑问，历史将继续重演，以特斯拉为代表的新品牌将在纯电动汽车品类中战胜那些代表着燃油汽车的领导者。

　　一个新的品类需要一个新的品牌，这仅是成功进行品类创新的重要组成部分之一，但对于大企业而言实践起来却如此艰难，且大部分企业的管理层对品类创新的理念和方法一无所知。这正是我认为所有有志成为领导者的企业家和创业者都应该阅读本书的原因。我期待本书的出版能够助推更多企业家和创业者成功打造品类之王。

艾·里斯

2022 年 1 月 15 日于亚特兰大

自序

定义成为第一的终极战略

大约 25 年前，我第一次读到《定位》，立即被它的独特观点吸引。几年后，我有幸和《定位》的第一作者——"定位之父"艾·里斯先生建立了联系，在他的指导下展开定位理论的学习和实践。15 年前，我作为里斯战略定位咨询全球合伙人和中国区负责人继续企业战略定位的研究与实践，算起来自己已经在"定位"这片沃土上扎根 1/4 个世纪了。

作为享誉世界的商业思想，定位理论为我们理解商业世界提供了全新的视角，其最大的贡献在于在人类商业史上首次定义了消费者的心智是商业竞争的终极战场。定位理论指出："第一"具有先天的认知优势，并能够构建强大的认知壁垒。最经典的"第一之问"是："世界第一高峰是珠穆朗玛峰，第二是哪个？"可以说，定位是最早发现"第一"的重要战略价值，并把"成为第一"作为核心目标的商业战略理论。

今天，尽管很多企业家都拥有自己独特的使命和愿景，但"成为第一"是几乎所有企业家共同的追求，因为"第一"并不只意味着市场份额的领先，更重要的是在某个品类上成为顾客的首选。所以，即便是那些声称不关注市场份额的企业家，比如苹果的乔布斯，也曾倾尽全力让公司的品牌成为顾客的首选。

过去半个世纪，在"如何成为第一"这个命题上，定位理论背后的研究者做出了持续的努力和探索：继20世纪70年代的三种定位方法，即抢先定位、关联定位和为竞争对手重新定位之后，又先后发展出四种商战模型，以及聚焦、品类、视觉锤、21世纪定位原则等重要概念。然而，一方面，定位理论本身无法逃脱"被定位"的宿命，人们对于定位概念的最初认知几乎掩盖了最近20年来定位理论的重要发展成果，这既是定位理论的巨大遗憾，也是全球企业的巨大损失。另一方面，尽管定位理论不断进化、"成为第一"的方法不断升级，但仍未清晰定义终极方法，这就需要重构底层逻辑，让定位理论来一次革命性的颠覆。

重提熊彼特

探寻企业战略的终极之道，需要回到企业的本质。就这个命题而言，有一个人无法绕开，那就是现代创新理论的奠基人约瑟夫·熊彼特。大约110年前，熊彼特提出了令世人振聋发聩的论断：创新是经济学的本质。与很多经济学家不同，熊彼特关注创新的目光，并非停留于宏观层面，而是投向了社会经济的细胞——企业和企业家。关于创新与企业、企业家之间的关系，熊彼特做出了重要的论述：将创新定义为建立一种新的生产函数，即实现生产要素和生产条件的一种新组合，并将之引入生产体系。创新必须创造商业价值，发明只要尚未产生商业价值，就不能被称为创新。熊彼特将创新视为企业获取利润的原因，突出了企业和企业家的"创新属性"：企业是"新组合的实现"，企业家则是引入实现新组合的人。简而言之，创新创造了利润，驱动了企业乃至国家经济的增长曲线。脱离了创新，企业、企业家、利润都将荡然无存。

熊彼特的预言在今天应验了。他的理论不断得到验证：创新成为国家经济以及企业持续增长的长期力量，企业家精神正驱动着越来越多的企业家投身创新实践。重提熊彼特的重要意义在于，回归企业本质，重新认识企业和企业战略的创新属性，任何"终极"的战略思考如果脱离创新或者不以创新为核心，都难以切中本质。

品类创新：定位理论的"品类创新"

2004 年，艾·里斯和劳拉·里斯在《品牌的起源》一书中首次指出，品类是品牌背后的关键力量。这个洞见深深地启发了我，从那时开始，我们围绕"品类"展开了长达十几年的思考和实践，逐渐构建起新的底层理论和方法。

首先，"品类"立足于定位的精髓——"认知"和"心智"，又有巨大的跃升。"品类"是"认知"概念中最核心的部分，决定了消费者购买决策的标准；也是"心智"概念中最容易主动把握的部分，因为对接了具体的心智模式。从微观层面看，一切和"人"有关的学科，最终都与心理学息息相关，而认知是影响人类行为的终极决定因素，因此认知心理学必然成为新理论的底层支撑之一。

其次，品类作为一种基本认知单位，需要从宏观上构建其可以参照的演化模型。探讨竞争环境下的事物演化规律，没有比达尔文的自然演化理论更好的选择了。在大尺度的时空中，商业演化可以看作自然演化的延伸。因此，达尔文的自然演化理论构成了新理论的另一个底层支撑。

最后，要成为一种根本的企业战略，必须从熊彼特创新理论，尤其是他对企业和企业家的定义中吸取精髓，强化"品类"的创新属性，从而在事实和认知上更好地影响企业战略。

在某种意义上，艾·里斯、达尔文、熊彼特三位巨匠经典理论的重组，诞生出全新的战略理论——品类创新。正是他们在各自领域的"终极"地位，奠定了"品类创新"作为终极战略的底层架构。

品类创新让创新更具实践性，让定位更具长久战略性。相比于定位，品类创新具有众多优势：定位是一个专业概念，但品类创新是一个商业概念，可以非常容易地对接企业家的思考和实践。定位是一场有限游戏，基于已有品类中心智阶梯的争夺，机会少且代价巨大。品类创新是一场无限游戏，新品类的心智空间无穷无尽，品类分化的机会源源不断。定位旨在争夺第一，而品类创新起步就是第一。由此可见，采取品类创新的企业将找到"成为第一"的终极战略。

构建首个品类创新思维模型

严重影响企业创新实践的因素之一，就是缺乏具体可行的方法指导。熊彼特指出了创新的价值和意义，克里斯坦森阐述了大企业创新失败的原因，但他们都未就企业应该如何创新提供落地指导。理论若不能转化成实践成果，企业和企业家就只能望梅止渴，这不能不说是一个巨大的遗憾。幸运的是，时代赋予了里斯战略定位咨询这样的机会，我们数十年如一日地研究、思考、实践，逐渐构筑起一座桥梁，让理论和实践不再隔岸相望。

首先，得益于中国崛起所带来的全球商业格局的变化，最近 10 年来，中国逐渐成为美国之外的又一个全球商业创新中心。在过去长达数十年的时间里，美国是全球最重要的商业创新中心之一，它像一个巨大的商业实验室，源源不断地产生原创性的商业理论，并通过商业实验室创造出一批又一批商业新物种。这些新理论和新物种被包括中国在内的全球企业模仿和复制。今天，中国成为美国之外的又一个全球商业创新中心，我们可以看到，近几年在智能手机、电动汽车等越来越多的领域，几乎所有的新品类都诞生于中美两大"实验室"。里斯战略定位咨询中美两大中心的结构，为我们提供了近距离研究并参与创新实践的便利条件。

其次，在过去 10 年里，我有幸带领里斯中国团队亲身经历了中国市场发生的众多著名商战。我们为茅台、王老吉、长城汽车、老板电器、君乐宝、今麦郎、德邦快递、罗莱家纺、杰克缝纫机、三只松鼠等上百家不同行业、不同属性、不同体量的品类之王企业提供了深度、长期的战略咨询服务。3000 多位遍及各个行业、涵盖大量新品类和品类之王企业的企业家、创业者通过克里夫定位研修院的品类创新课堂，参与了品类创新理论的学习、研讨和实践。他们为品类创新方法论的完善提供了直接或间接的贡献。

最后，经过 10 年努力，我们构建了全球首个品类创新思维模型，这是品类创新从理论迈向实践的关键一步。

实践：5 年诞生 10 个十亿级品类之王

品类创新理论展现出了极强的实践解释力。放眼近 10 年全球商业领域崛起的各种独角兽品牌，从特斯拉到抖音，从白爪到元气森林，都属于典型的品类创新案例，体现了品类创新的基本法则：开创一个新品类，起步就是领导者，最终成为品类之王。

更为重要的是，品类创新展现了惊人的实践成果。在过去的 5 年里，里斯战略定位咨询通过和不同行业、不同体量的企业合作，借助里斯品类创新思维模型（以下称"品类创新思维模型"），成功打造了十多个十亿到百亿的品类之王，创造了战略创新实践的奇迹。

最具代表性的案例莫过于长城汽车，在过去 14 年里，长城汽车通过品类创新先后打造出中国经济型 SUV 的品类之王哈弗、潮玩越野 SUV 领导者坦克，以及更多的新品类和新品牌，推动企业市值从 80 亿元迈向 5000 亿元。长城汽车将品类创新作为企业的核心战略，一跃成为全球汽车领域品类创新实践的引领者。

在大中型企业的实践中，我们协助今麦郎和君乐宝通过品类创新战略打造了"熟水"品类之王"凉白开"、芝士酸奶品类之王"涨芝士啦"、0 蔗糖酸奶品类之王"简醇"，推动企业突破百亿元。两家企业都连续多年成为各自行业的增长冠军。

在初创企业中，大角鹿瓷砖的案例最具代表性。大角鹿（原名金尊玉）原本处于大理石瓷砖市场第二的位置，通过开创"超耐磨大理石瓷砖"新品类，并根据品类创新 4N 模型，重新设计品牌名，开展新定位以及新配称，大角鹿成为中国瓷砖行业最耀眼的新星，销售收入在三年中增长了六倍，成为大理石瓷砖的品类之王。

上述案例都遵循了品类创新的方法和原则：发现消费者心智中的品类空缺，推出新品牌占据空缺，起步就是第一，最终成为"品类之王"。它们的成功是品类创新理论的最佳证明。如果希望加入它们的行列，成为真正的第一，不能错过这本书。

感谢艾·里斯先生，是他将我带入商业的认知世界，没有他长期的启发和鼓励，不可能有"品类创新"理论和方法的诞生。感谢劳拉·里斯女士、迈克尔·布兰特纳、严斯·汉森等里斯全球合伙人，在和他们长期的战略问题研讨中我受益匪浅。

感谢长期以来与里斯战略定位咨询一起进行品类创新实践的杰出企业家：魏建军、王凤英、范现国、魏立华、章燎原……恕我无法一一列出，他们不仅是品类创新理论的实践者，也是重要的贡献者。

感谢里斯战略定位咨询、克里夫定位研修院的杰出团队，品类创新思维模型凝聚着集体的智慧。

张云

2022 年 5 月 6 日于上海陆家嘴

企业战略需要一场认知革命

今天，我们正处于一个巨变时代：在迎来一个技术大爆炸时代的同时经历着席卷全球的疫情，在面临消费大迭代的同时经历着世界经济的巨大动荡。

面对如此复杂的环境，无数企业陷入迷茫：如何应对未来的不确定性？企业的战略应当如何展开？有两种选择：一是进化思维，与时俱进，针对不确定的环境进化出一种新战略，指引企业走出不确定；二是以不变应万变，找到不确定性里的确定性，找到复杂商业中的终极战略。毋庸置疑，如果第二种选择确实存在，必定成为所有企业的不二之选。

事实上，终极战略一直都在，它不需要天才般地发明创造，而是早已被无数伟大的企业验证。它隐藏在复杂的商业世界里，等待着我们去发现。

定位：开启商业世界的认知时代

60 年前，艾·里斯提出的定位理论开启了人类商业世界的全新时代，我们可以把它叫作认知时代。定位将当时最新的认知心理学研究成果带到商业领域，揭示了一个与事实世界完全不同的认知世界。

艾·里斯强调，商业竞争的终极战场在潜在顾客的心智，商业世界没有所谓的事实存在，认知就是事实。在定位理论诞生之前，企业战略基于事实而展开。定位理论的诞生，引发了全球商业界对企业战略的一场认知革命，越来越多的企业开始关注、重视认知的力量。定位理论由此崛起。

然而，商业界对"认知世界"的战略价值的理解还远远不够。

随着全球认知心理学和脑科学的发展，越来越多的科学实验证明了"认知世界"的重要性。最近几十年里，在认知心理学领域先后诞生了三位诺贝尔经济学奖得主，大量关于认知和心智的最新研究成果为"认知世界"的普及提供了学术支持。同时，也为我们定义了人类最重要的两大心智模式——心智启于分类，阶梯有限而品类无限——提供了启发和心理学基础。

对心智模式底层逻辑的新发现，必然引发新一轮认知革命，重构企业战略新思维。

品类创新：引发创新的认知革命

创新已经成为今天最热门的战略词汇，但是创新带来的最大负面结果就是"先驱"往往成为"先烈"，这是创新者面临的最大窘境。在研究了大量的创新案例之后，我们发现，大部分成为"先烈"的创新者是那些传统意义的创新者，他们基于"事实"进行创新，创造出新技术或新产品，结果被实力更强劲的对手模仿，最终淹没在竞争中。而那些成功的创新者，看似在"事实"上没有创新，却在进行着更深刻的创新——品类创新。

品类创新是指发现顾客心智中的品类空缺，然后去占据空缺的战略。品类创新者并非产品或技术的发明者，而是新品类的率先定义者。他们并非率先进入市场，而是率先进入潜在顾客心智。最终他们成为品类之王，获得了最大的回报。

表 0-1 展现了传统创新和品类创新的区别。

表 0-1　传统创新和品类创新的区别

	传统创新	品类创新
创造	新事实	新认知
产出	新技术、新产品	新品类
特征	复杂、专业、难被认知	简单、符合心智规律
竞争	容易被模仿跟进、无认知壁垒	具有认知壁垒
成果	"先驱"变"先烈"	品类之王

将两类创新隔开的那道鸿沟就是认知。品类创新将认知法则贯彻到底，因而打开了战略创新的新世界。我们认为，创新并非创造一种新事实，而是建立一种新认知。通过在心智中开创新品类，成为领导者，将是战略创新的终极方式。

重新定义企业战略

品类创新一直都在，只是长期以来这个"新品类"一直未得到真正的重视。在自然界，几乎每一个地球霸主的诞生都可以看作一次品类创新。在商业领域，品类创新一直是商业史中的主角。以中国为例，自宋代开始到清代早期数百年的时间里，中国一直是全球最大的经济体，通过贸易，全球的白银源源不断流入中国。其背后的"功臣"并非广为人知的"四大发明"——造纸术、火药、指南针、印刷术，而是三大品类创新——丝绸、陶瓷、茶叶。

从近代企业史来看，我们看到了一些企业依托自然资源优势获取高额的利润回报，如沙特阿美（沙特阿拉伯国家石油公司），也看到了一些企业依托一些重要高科技领域的垄断性专利技术获得了独占性的地位，如今天的北美洲和欧洲的芯片企业。但从数量上看，这两种远非主流，更多的成功企业依托的是品类创新，例如可口可乐、红牛、苹果、特斯拉……遍及各个行业的品类之王，为全球带来了强劲的经济增长。

品类创新无处不在。作为经济的基本单元，如果企业能够持续开展品类创新，不断打造品类之王，何愁不能基业长青呢？由此，我们可以为今天日益复杂的企业战略给出更清晰、简洁的定义，那就是不断进行品类创新，持续打造品类之王。其余所有的运营动作都应看作服务于这个核心战略的配称。

品类创新并非高不可攀的设想，而是一套简单实用、卓有成效的战略思维和方法，无论小企业或大公司，初创企业或百年老店，都可以从中受益。

让小企业从 0 到 1

大部分小企业都面临团队弱小、资金缺乏、起步艰难的困境。在这些困境的背后，隐藏着小企业普遍的发展模式：寻找风口、追逐风口、跟风创业、同质化竞争与发展。大多数小企业采取跟随品类领导者的方式去发展。跟随领导者的战略看似安全，实则为艰难的逆水行舟——希望通过自己的努力从一个品类中的 20 名挤进前 7 名，不仅困难重重，而且代价高昂。更重要的是，这种模式在各个层面都面临巨大的挑战：竞争层面，企业不得不面对多个远比自己强大的对手；团队层面，企业无法吸引到更优秀的人；资源层面，企业也很难吸引到更多的投资。为了生存不得不采用低价策略，导致企业利润微薄、举步维艰……小企业几乎在所有方面都处于劣势，怎么可能赢得市场竞争？

品类创新可以帮助小企业从根本上改变以上困境，实现企业生存发展模式的转变：一旦发现了一个新品类机会或者开创了一个新品类，无论这个品类有多小，企业一起步就成为领导者，在潜在顾客、渠道、供应商、媒体，甚至内部员工那里都会因获得最宝贵的势能而转向良性轨道。凭借品类之王的地位，小企业不仅容易获得高估值和资本的青睐，而且能够俘获更多客户，构建战略优势。

让大企业生生不息

大企业同样如此，任何一个大企业都会遇到增长瓶颈。一旦品类遇到增长瓶颈，企业要实现持续增长，不得不面临创造第二曲线的战略课题。这恰恰是大企业难以打破的瓶颈：原有的利益格局和系统倾向于维持现状，而非创造未来。

要成功实现品类创新，大企业需要在组织和机制上进行变革，形成开放式的新品类孵化机制。同时，需要借助外力，包括外部思维和外部团队。大量实践证明，大企业一旦成功实现品类创新，借助自身资源的优势往往可以迅速发展出新的增长曲线。如果一家大企业不具备品类创新的战略能力，将不可避免地走向衰落。

　　我们正处在品类大爆发、消费大迭代的时代。如彼得·德鲁克所言，企业家最重要的职能是把握机会，而非解决问题。如何把握这些历史性机会？我认为，传统思维显然难以奏效，只有通过企业和企业家对企业战略的认知革命，用品类创新的方式，才能在百年难遇的趋势中有所作为。

新品类，商业世界
最重要的变革力量

商业世界最重要的变革力量究竟是什么？是什么颠覆行业、重塑行业、造就行业领导者或者新领导者？关于这些问题，长期以来并没有统一的答案。答案要么过于空洞，比如伟大梦想、卓越理念；要么无法反驳，永远正确，却无法实践，比如追求极致、品质至上；要么永远无法做到，因为追求极致和品质至上永无尽头。要么很难奏效，因为大多数企业尤其你的对手也在这么做。

　　长期以来，自然科学"还原论"思维范式的影响深入各个领域，如果我们以解构性视角去审视和研究商业世界中各式各样的成功案例，总是在重复似是而非的答案。今天，我们面临史上最复杂的商业环境：全球化与逆全球化并存，超级互联网与传统商业并存，超级技术的发展与回归自然的社会理念并存……我们必须以一种更宏观的视角跨越时间和空间的局限，跨越商业本身的局限，以一种全新的整体性视角去发现和定义影响和决定商业发展的关键力量。本书的出发点正在于此。

事实上，人类历史每一次认知的飞跃都源于视角的改变，其中最著名的一次无疑是达尔文对于自然演化规律的发现。和前人不同，达尔文的研究并非针对少数物种，而是将生物演化看作一个整体，从大尺度时空进行观察和验证，最终诞生了堪称影响人类历史进程的自然演化理论。

如果我们用同样的大视角来审视当今各行各业所发生的变化，就能从它们共同的演化特征中发现隐藏的关键商业力量。

现今各行业变革背后的关键力量

互联网或高科技行业

苹果、特斯拉、Facebook（已改名 Meta）、亚马逊、阿里巴巴、腾讯、字节跳动作为享誉全球的互联网公司，如果从解构性视角去分析这些企业，它们属于不同的细分领域，有不同风格的创始人、不同的文化、不同的发展过程，似乎完全没有共性。但从整体来看，这些企业或品牌的成功都有一个共同的特征：开创一个或者多个新品类。新品类是这些企业或品牌强大的关键。具体来看：

苹果开创的新品类：图形界面电脑、大容量音乐播放器、触屏平板电脑、触屏智能手机。

特斯拉开创的新品类：智能电动汽车。

Facebook 开创的新品类：美国移动社交媒体。

亚马逊开创的新品类：电子商务、电子书、云计算。

阿里巴巴开创的新品类：B2B、C2C、B2C、支付平台。

腾讯开创的新品类：互联网即时通信软件、移动即时通信软件。

字节跳动开创的新品类：智能资讯平台（今日头条）、娱乐短视频平台（抖音）。

消费品行业

放眼更广的行业和更多的企业，你会发现，几乎每一个成功的企业都拥有一个或多个新品类。

（1）食品饮料领域。在中国，元气森林依托 "0 蔗糖果味气泡水" 的新品类，成立 5 年，2021 年估值近 1000 亿元。

在美国，依托"含汽酒精饮料"的新品类，白爪（White Claw）推出 3 年，销量超过百威，销售额超过 100 亿元。

（2）洗化领域。蓝月亮依托新品类"洗衣液"替代老品类"洗衣粉"，在中国内地的市场占有率超过了宝洁、联合利华等外资品牌，成为中国洗衣液第一品牌。上市后，蓝月亮的市值一度超过 1000 亿港元。

阿道夫则依托"香芬洗发水"新品类超过宝洁、联合利华，年销售额超过 150 亿元，成为洗护国货第一品牌。

（3）运动鞋服市场。UA（Under Armour，安德玛）依托紧身"速干衣"新品类，在美国市场的销售额一度超过阿迪达斯，成为美国第二大运动服饰品牌。

lululemon（露露乐蒙）则依托高端"瑜伽服"品类，2021 年 11 月，lululemon 市值一度超过 600 亿美元，超越同时期市值 329 亿美元的阿迪达斯，成为全球第二运动鞋服品牌。

（4）餐饮行业。海底捞开创了"火锅服务"新品类，市值一度超过 4500 亿港元，成为中国最具价值的餐饮品牌。

喜茶依托"现调芝士茶"新品类，估值高达 600 亿元（2022 年 2 月），成为中国市值最高的茶饮品牌。

零售行业

在美国，Costco（开市客）以"付费会员制超市"新品类对传统超市的颠覆，2018 年，成为全美第二大零售商、全球最大的连锁会员制仓储式超市，市值超千亿美元。

在中国，"社区团购"新品类的崛起对生鲜超市冲击巨大，受新冠肺炎疫情影响，2020 年我国社区团购市场规模约为 720 亿元，较 2019 年基本实现翻番，2021 年数字达到 1205.1 亿元。相比较社区团购的高速增长，传统生鲜超市在 2021 年业绩下滑了 30%。

以抖音为代表的"兴趣电商"新品类的崛起，对传统电商产生了巨大的冲击，2020 年全年，抖音电商 GMV（商品成交总额）超过 5000 亿元，是 2019 年的三倍多。2021 年，抖音电商的 GMV 近 10 000 亿元。

新经济浪潮

新冠肺炎疫情影响下，大量新经济品牌高速成长，更是展现出新品类的力量。

三顿半依托"精品速溶咖啡"新品类，2019 年天猫"双

11"超过了百年品牌雀巢，成为天猫冲调和咖啡类目销量第一，成立 6 年估值达 45 亿元。

永璞创立于 2014 年，依托"浓缩咖啡液"新品类，2020年销售额达 1 亿元，2021 年估值 3.5 亿元，位居天猫咖啡液类目第一。

UBRAS 依托"无尺码内衣"新品类，成立 4 年位列天猫"双 11"内衣品牌销量榜首。

自嗨锅依托"自热火锅"新品类，天猫旗舰店上线 24 小时内就达到单品销量全网第一，成立 2 年估值达 5 亿元。

拉面说依托"高端拉面"新品类，成立 4 年，年销售额约 20 亿元，成为天猫方便速食类目第一。

王饱饱依托"互联网麦片"新品类，在短短 1 年内，就击败了桂格、卡乐比等麦片老品牌，成为天猫麦片品类第一。

以上所列新品类，不过是商业浪潮中的极小部分，只要你愿意，可以找到更多的新品类。

全球行业演进史背后的关键力量

让我们换一个视角来看看新品类的力量。以汽车和软饮料行业为例，你可以看到，从最开始，"新品类"就作为一种关键的力量驱动行业演进。

全球汽车演进史

在汽车行业，自1886年梅赛德斯－奔驰开创了汽车品类成为全球豪华车的领导者之后，豪华车领域新品类不断诞生：1907年劳斯莱斯银魂诞生，开创了超豪华汽车品类。1947年法拉利开创了豪华跑车品类。1974年吉普开创了越野SUV，SUV品类中也不断分化出了以路虎为代表的豪华越野、丰田开创的城市型SUV品类……20世纪90年代，斯巴鲁在美国市场成功地开创四驱车品类，这是最近30年传统燃油汽车诞生的最成功的新品类之一，如图1-1所示。

层出不穷的新品类催生了令人眼花缭乱的新品牌，不仅价格水平不一，车型也层出不穷。直至特斯拉开创"智能电动汽车"新品类，一个新时代开始了。这个新时代，既是燃油车新品类的终点，也是智能电动车新品类不断诞生的起点，历史进入一个新的循环。

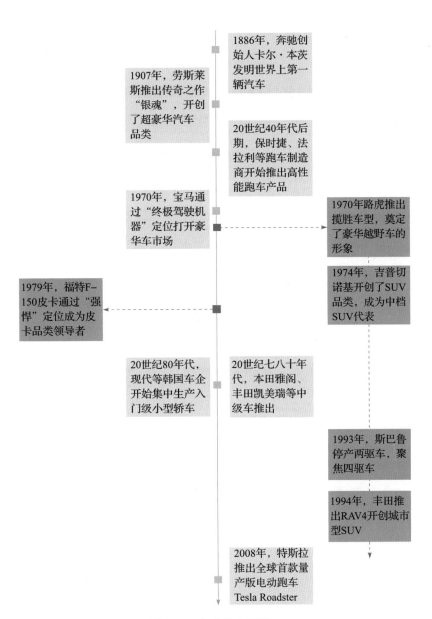

图 1-1 全球汽车演进史

中国软饮料演进史

再来看看中国软饮料市场。中国软饮料市场一方面作为全球市场的一部分，受到全球软饮料新品类的启蒙和影响；另一方面，也结合本土的消费特征诞生了许多新品类。

在瓶装水品类中，20世纪90年代诞生了以娃哈哈为代表的1元纯净水、以怡宝为代表的2元纯净水以及以农夫山泉为代表的2元天然水。进入21世纪，"水中贵族"百岁山成为3元矿泉水代表。

在茶饮料市场，则诞生了以维他柠檬茶、统一冰红茶、三得利乌龙茶、康师傅绿茶、东方树叶无糖茶、小茗同学冷泡茶、茶 π 果味茶等新品类。而美汁源、脉动、元气森林等品牌兴起的背后，分别依托了果肉果汁饮料、维生素饮料、0蔗糖气泡水等新品类。几乎所有能够占据一席之地的品牌，都得益于"新品类"的力量，如图1-2所示。

无须列举更多行业，仅仅从汽车和软饮料的演进史大致就能窥见整个商业领域隐藏的关键力量：新品类颠覆并取代老品类，成为新的行业领导者，重塑行业格局，无论哪个国家、哪个行业。甚至可以说，只要考察的时间足够长，一部全球商业史就是一部新品类不断替代老品类的演进史。

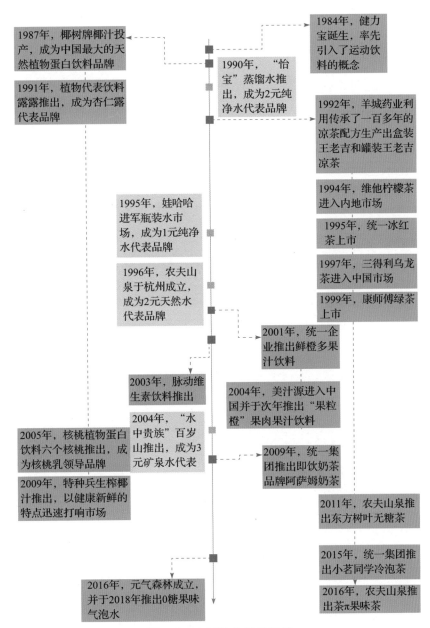

图 1-2 中国软饮料演进史

2

品类创新：颠覆传统定义的创新战略

既然新品类是如此重要的商业变革力量，那么，新品类从何而来？这要回到一个经久不衰的商业命题：创新。

创新塑造增长曲线

早在一百多年前，伟大的经济学家、现代创新理论的奠基人约瑟夫·熊彼特提出了著名的经济循环周期理论。是什么因素驱动了经济循环呢？熊彼特最终归结为企业家精神，也就是创新精神。正是企业家的创新活动将资源从旧的逐渐衰落的领域转移到新的更具生产效率的领域。

熊彼特将创新定义为"建立一种新的生产函数"，也就是实现旧的生产条件和要素的新组合。他认为，企业家的创新是一个独立内在因素，是现代市场经济体系呈现周期性波动的根本动因。因为在创新发生之前，社会经济的总支出等于总收入，所以无法产生利润，只有在创新发生之后，才会产生溢价和利润，吸引大规模投资，从而推动经济的增长。如果企业不再持续创新，只是相互模仿，这会导致投资回报率及利润的不断下降，从而带来经济的衰败。彼得·德鲁克如此评价："迄今为止，熊彼特的创新学说是唯一解释利润成因的理论。"

今天，经济发展的现实已经不断验证了熊比特的论断：企业家的创新推动了企业增长，大量企业家的创新增长推动了经济的增长。我们来看三个案例。

苹果的增长曲线

在 2001 年之前，苹果的创新数量少、影响力小，真正意义上的创新只有一个 1984 年推出的麦金塔电脑。所以，在 2001 年之前苹果的营收成长一直较为缓慢，那时的苹果不过是一家普通的美国电子企业。真正的改变始于 2001 年上市的 iPod，这一"大容量音乐播放器"新品类，推动了整个苹果营收的高速增长，从 2001 年的 53.6 亿美元迅速增长到了 2007 年的 240.06 亿美元，利润更是扭亏为盈。伴随 iPod 席卷全球，苹果公司的影响力也得到了空前提升。

2007 年，作为全球率先被定义的"智能手机"，iPhone
上市之后逐渐成为苹果公司第二增长曲线。2010 年，全球
首个"触屏平板电脑"iPad 上市的时候，苹果公司总营收已
经达到了 652.25 亿美元，利润突破百亿美元。此后，iPod、
iPhone、iPad 三大创新品类造就三大增长曲线并形成了合力，
进一步驱动苹果整体营收持续高增长，到了 2020 年，苹果
实现了 2745.15 亿美元的营收，净利润高达 574.11 亿美元，
如图 2-1 所示。

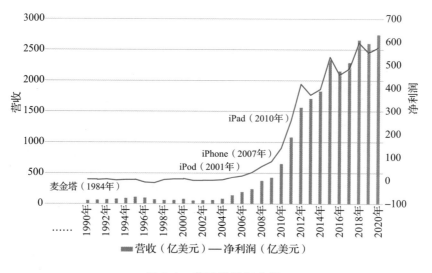

图 2-1　苹果的增长曲线

阿里巴巴的增长曲线

阿里巴巴的增长曲线也伴随着新品类的出现不断提升，打造了用户心智中多个"品类第一"。从最初的国内第一个B2B电商1688到国内第一个C2C平台淘宝、国内第一个第三方支付平台支付宝、国内第一个云计算阿里云，再到B2C天猫、菜鸟网络等，这些创新业务不断驱动企业收入的持续增长，阿里巴巴的营收从2004年的3.6亿元增长至2020年的5097亿元，2020年阿里巴巴净利润超过1400亿元，如图2-2所示。

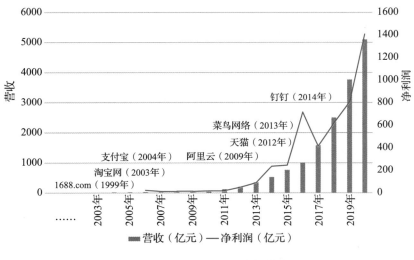

图 2-2　阿里巴巴的增长曲线

腾讯的增长曲线

腾讯增长曲线最重要的拐点是 2011 年微信的推出。在 2011 年之前，腾讯的营收在 200 亿元以下。但在 2011 年之后，移动社交软件微信创造了爆炸式增长，腾讯的营收从 2011 年的 284.96 亿元到 2020 年的 4820.64 亿元，净利润也从 102.24 亿元增至 1601.25 亿元，如图 2-3 所示。

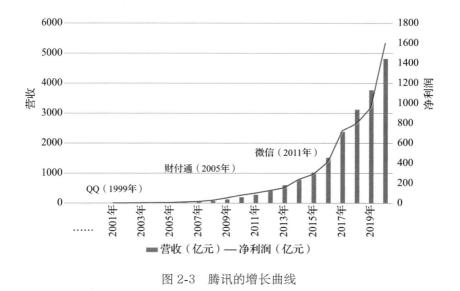

图 2-3　腾讯的增长曲线

创新不仅推动企业增长，也推动着国家经济增长。例如，美国的经济增长在相当程度上依赖其在全球众多领域创新的引领性的地位，最具代表性的硅谷是美国创新活力最强的地区之一。据统计，硅谷有大大小小的电子科技企业 1 万家以上，硅谷的人均 GDP 以及增速都长期位居全美第一。硅谷所生产的半导体集成电路和电子计算机分别约占全美 1/3 和 1/6。20 世纪 80 年代后，随着生物、空间、海洋、通信、能源材料等新兴技术的研究机构在该地区纷纷进驻，硅谷客观上成为美国高新技术的摇篮，对全美乃至全球的高科技产业创新产生巨大而深远的影响。

如今，硅谷已成为世界各国高科技聚集区的代名词。这里有全球（或美国）最大的芯片公司（英特尔）、最大的行业软件公司（Adobe、甲骨文）、最大的信息服务公司（Google、Facebook）、最大的风险投资公司（KPCB、红杉资本）。2019年硅谷地区生产总值增长 170 亿美元，新增近 3 万个工作岗位，增长率超过加利福尼亚州和美国全境。

硅谷模式完美地体现了美国经济的增长方式：将资本和科技高度结合，通过企业家的创新精神转化为巨大的商业价值。事实上，创新驱动增长的方式已经在全世界普及开来。

中国早就将创新纳入国家战略，宣布建设创新型国家。2016 年 5 月，中共中央、国务院发布《国家创新驱动发展战略纲要》，提出：创新驱动就是创新成为引领发展的第一动力。创新驱动是国家命运所系。国家的核心支撑是科技创新能力。创新强则国运昌，创新弱则国运殆。从这段话足以看出，创新对于经济发展的重要性。

传统创新的窘境："先驱"成为"先烈"

是否所有的创新都可以创造增长曲线，带来理想的成果？答案当然是否定的。除了少数企业通过长期、巨额的投资取得革命性的发明和技术突破，通过拥有原创性的专利获得了高额的利润外，大多数创新者并未获得预期的回报，甚至无法构成竞争壁垒。这就造成越来越多的企业清楚意识到创新的巨大价值，但是企业同时对创新普遍心怀疑虑甚至畏惧的局面。

对此，克莱顿·克里斯坦森有过深入剖析。他认为，大企业虽然实力雄厚，但由于过度关注当前客户的需求，同时受企业现有价值网络的限制，新业务无法满足大企业增长的需求，错失创新机会。

克里斯坦森解释了大企业创新失败的一部分原因，却没有回答一个重要问题：创业者为何对创新心存畏惧？我认为，创新者面临的真正窘境是："先驱"往往变成"先烈"。有一个著名的概念——"万燕悖论"——描述的就是这种情况。

1993 年，万燕公司推出世界第一台 VCD，成为有史以来我国唯一领先世界的消费电子产品。凭着手中独一无二的拳头产品，万燕在 1994 年占据了 100% 的国内市场。由于没有重视知识产权，没有保证上游关键零部件的独家供给等原因，万燕最后陷入资金困局。1995 年，爱多、步步高、新科等群雄并起，万燕因成本高而迅速被竞争对手甩开。至 1996 年，VCD 开创者万燕已经在市场上不见踪迹，市场份额从 100% 跌到 2%。

万燕的高开低走影响了一些企业家，得出了"先发不如后发"的结论，因为"敢为天下先"虽然精神可嘉，但风险太高，一不小心就从"先驱"沦为"先烈"。部分企业甚至公开推行"敢为天下后"的经营理念，通过学习或模仿原创企业来实现增长。"后发"虽然安全，却背离了创新精神，令人遗憾。

事实上，万燕悖论并非孤例。如表 2-1 所示，左边一列是事实上的品类开创者，右边一列是认知中的品类开创者。为什么很多开创者不能成为最后的赢家，而是像万燕一样？原因在于，"事实上的品类开创者"与"认知中的品类开创

者"是完全不同的概念。艾·里斯先生曾说过，竞争的终极
战场不是市场，而是心智。新品类的开创者如果没有占据消
费者的认知，它所有的投入和经营活动都在为竞争对手创造
机会。反之，那些从一开始就将心智竞争作为目标，并致力
于成为消费者认知中创造品类的企业才能笑到最后。

表 2-1　事实上的品类开创者及认知中的品类开创者

品类	事实上的品类开创者	认知中的品类开创者
智能手机	IBM Simon（1993 年）	iPhone（2007 年）
数码相机	柯达（1975 年）	佳能（1987 年）
大容量音乐播放器	Creative NOMAD Jukebox（2000 年）	iPod（2001 年）
智能电动汽车	通用 Impact（1990 年）	特斯拉（2008 年）
个人电脑	IBM（1981 年）	戴尔（1984 年）
短视频	Musical.ly（2014 年）	抖音（2016 年）
能量饮料	泰国机能性饮料（1966 年）	红牛（1975 年）
希腊酸奶	Fage（1926 年）	乔巴尼（2007 年）
搜索引擎	JumpStation（1993 年）	Google（1998 年）
社交网络	Friendster（2002 年）	Facebook（2004 年）
电子书阅读器	索尼（2004 年）	Kindle（2007 年）
变频空调	海信（1997 年）	美的（1998 年）
常温酸奶	莫斯利安（2009 年）	安慕希（2013 年）
……	……	……

　　以智能手机为例，事实上 IBM Simon 已经在 1993 年推
出了智能手机，但是无人知晓，最终智能手机真正的品类之
王是 2007 年面市的 iPhone。数码相机于 1975 年由柯达率先
推出，但在大众认知中，柯达代表了数码胶片、相纸，最终

被大众认知的数码相机品牌是佳能，而事实上佳能是在 1987 年才推出数码相机，比柯达整整晚了 12 年。

回顾整个商业史，这样的案例不胜枚举。如何让创新者成为最后成功者？必须抛弃传统思维，用品类思维重新定义创新。

重新定义创新

事实上的创新者和认知中的创新者，究竟谁才算得上"真正的"创新者？如果我们先入为主地认为前者才是真正的创新者，那会带来一种灾难性的后果：创新的意义和价值会受到严重质疑。

熊彼特认为，创新是一种从内部改变经济的循环流转过程的变革性力量，本质是建立一种新的生产函数，构成生产要素和生产条件的新组合，并把这种新组合引入生产体系。同时，创新一定是与经济成果相关的，经济价值越大的创新越重要。

在企业界，熊彼特的创新定义主导了近百年，但本质上还是基于事实的创新，没有涉及认知上的创新，而后者恰恰是极为重要的创新来源。从认知角度定义创新，至少有三大意义。

第一，重新定义创新标准。必须要与既有的事物有明显的"不同"，能形成一种新的认知才能叫创新。仅仅是事实的不同，不能保证企业的成功。

第二，重新定义创新范畴。创新不应该只限于技术、产品等有形要素，而应囊括一切可以影响认知的要素。事实可以影响认知，但事实不等于认知，它应该包括管理、商业模式、营销，甚至包括语言、文字、图案等一切可以影响认知的要素。

第三，重新定义创新流程。创新可以从外部入手，先评估能否让顾客或受众形成一种新认知，然后评估为形成认知需要做什么，包括必要的产品和技术创新。以新认知为起点和驱动点，改变传统流程——从技术和产品出发实现创新。这一改变的价值在于真正做到顾客导向。

品类创新："成为第一"的最佳战略

当我们将视角从事实转向认知的时候，创新有了全新的内涵，我称之为品类创新。简单来说，品类创新就是在心智中开创一个未被占据的新品类，然后填补这个空缺的战略。具体来说，可以从以下三个层面来把握品类创新的内涵。

首先，品类创新是一种真正意义上的顾客导向的创新思维，不仅关注顾客的需求，更关注顾客的认知。

其次，品类创新的目标是发现心智中新品类的空缺，而非聚焦于新产品或者新技术。从品类创新的视角看，新技术和新产品是新品类的基础和支撑，但并非全部。让创新变成最终竞争优势的是认知。

最后，也是最重要的，品类创新的目标是创造新品类——一个认知中而非事实上的新品类。一个在人们心智中存在了很久的新品类，只要没有品牌抢占，那么就是品类创新的绝佳机会。

品类创新的提出，极大地拓展了企业创新的商业空间。比如，中小企业普遍认为，创新是大企业才做的事。因为创新往往需要巨大的资金、强劲的技术实力，这让中小企业望而却步。而事实上品类创新并不一定需要庞大的资源投入，因为它不依赖于技术的突破或者产品的革新，这就使得品类创新没有那么难以企及。

戴尔开创的"直销电脑"新品类就是一个很好的例子。IBM 推出个人电脑 3 年后，1984 年，当时只是大学二年级学生的迈克尔·戴尔发现，包括 IBM 在内的几乎所有的电脑品牌，都是通过经销商来售卖的。于是戴尔自行组装满足用户需求的电脑，以低于经销商 10% 的价格直接卖给顾客，电脑很快就卖光了。戴尔意识到，没有中间商的销售方式，使成本和定价更低，更受客户欢迎。很快，他在大学宿舍里创办了戴尔公司，开创了"直销电脑"新品类：长期聚焦企业用户，根据企业需要定制产品配置，通过电话订购，没有中间商、没有库存。直销方式让戴尔发展迅猛，击败了当时风头正劲的 IBM，成为个人电脑领域的全球领导者。

戴尔所作的创新并非科技突破，也并非全新的产品，而是销售模式的改变，依然取得了漂亮的业绩。如果将销售本身作为一个品类来看，直销模式就是品类创新。类似的案例还有很多，比如美国西南航空公司的"廉价航空"新品类，海底捞的"火锅服务"新品类，都是极好的例证。

不仅如此，品类创新的另一大好处在于，品类创新者凭借牢固的认知地位，具备强大的竞争壁垒。以特斯拉为例，作为电动汽车品类的创新者，它一度拥有 80% 的市场份额。制造电动汽车的企业越来越多，而特斯拉作为电动车的代名词，依然是消费者的首选。这就是品类之王的影响力。

品类创新最大的成果是打造出品类之王。作为一种认知上的优势，品类之王远比产品和技术上的创新优势更不容易被竞争对手复制，品类创新赋予企业真正的战略优势。

以可口可乐为例，以今天的科技水平完全可以把破解它的配方，精确分析出每种成分及其比例。然而，即便竞争对手掌握它的配方，也无法复制它的成功，因为无法撼动它在顾客心智中可乐品类领导者的地位。

在长期跟踪研究全球的成功企业后，我们发现，美国市场 50 个品类之王，在 50 年后有 45 个仍然保持第一，5 个丢掉第一地位的要么因为公司出了问题，要么因为品类衰落，或者被并购。中国市场上同样如此，那些 10 年前的第一品牌，在 10 年后的今天在大部分品类里面仍然保持第一。这些数据足以证明，品类创新者也是长期品类领导者，以下展示其中一小部分：

"运动饮料"品类由佳得乐开创，57 年来都是领先品牌。

"汉堡连锁"品类由麦当劳开创，67 年来都是领先品牌。

"冷冻蔬菜"品类由 Bird's Eye 创建，93 年来都是领先品牌。

"面巾纸品"类由舒洁开创，98 年来都是领先品牌。

"蛋黄酱"品类由好乐门（Hellmann's）开创，109 年来都是领先品牌。

"剃须刀"品类由吉列开创，121 年来都是领先品牌。

"果冻粉"品类由 Jell-O 开创，125 年来都是领先品牌。

"罐头汤"品类由金宝汤开创，125 年来都是领先品牌。

"牙膏"品类由高露洁开创，126年来都是领先品牌。

"蛋糕粉"品类由Swan's Down开创，128年都是领先品牌。

"袋泡茶"品类由立顿开创，132年来都是领先品牌。

"可乐"品类由可口可乐公司开创，136年来都是领先品牌。

"番茄酱"品类由亨氏开创，147年来都是领先品牌。

"美国威士忌"品类由杰克·丹尼尔（Jack Daniel's）开创，156年来都是领先品牌。

"汽车"品类由奔驰开创，136年来一直都是领先品牌。

"XO白兰地"品类由轩尼诗开创，152年来一直都是领先品牌。

······

一旦成为品类之王，不仅会收获更多的利润和价值，也会得到资本市场的青睐。美国风险投资公司Play Bigger进行的统计表明，品类之王平均获得所属品类价值76%的市值。

总而言之，品类创新好处多多：更多消费者的信赖和选择，更高的市场地位、溢价和利润，更多的资本机会。可以说，一次成功的品类创新足以造就一个利润丰厚、极具价值的企业。

3

品类创新的两大
底层理论

真正的新思维都源自底层逻辑的改变。用当下热门的一个概念，叫第一性原理，即原点假设的改变产生颠覆式创新。这种创新遵循非连续性的演化路径，创造出增长的第二曲线。品类创新正是如此，原点假设从事实到认知的飞跃，催生的不是渐进式的改变，而是突破性的改变。我更愿意用科学哲学家托马斯·库恩的核心思想来解释，叫作"范式转换"。

　　范式转换强调事物发展历程并非连续的直线，而是一种模式取代另一种模式，如同汽车替代马车，铁路替代公路。这种替代是革命性的、根本性的转变。要深刻把握品类创新，必须追根溯源，回到认知和演化规律的层面，才能真正领会其价值所在。

　　具体来说，一方面，我们需要了解人们心智的特征以及认知形成的规律，从微观上了解心智如何处理信息，也就是心智模式，从而了解认知形成的规律以及影响认知的重要因素。另一方面，我们需要从宏观上了解认知—"品类"—演化的规律，从而更好地把握品类创新的时机以及整体策略。

心智模式：品类创新的微观基础

人类社会最大的挑战之一：无限信息与有限大脑之间的矛盾

今天人类社会面临最大的挑战之一，是无限信息和有限大脑之间的矛盾。

由 20 世纪五六十年代的传统大众媒体开启，直到今天的互联网一统天下，人类进入信息爆炸时代。仅以今日头条为例，每天产出数十万篇新资讯，阅读量则达到惊人的 22.5 亿次，超过史上任何一个媒体。

科技发展也带来了产品的爆炸，不仅品种越来越多，更新也越来越快。物联网、人工智能、元宇宙等，并不是概念，而是正在发生的事实，重塑着商业世界乃至整个人类社会。

海量信息挑战着人类的大脑。美国学者凯斯·R.桑斯坦在 2006 年的著作《信息乌托邦：众人如何生产知识》中提出的两个概念——回音室效应和信息茧房——就是极好的证明。

所谓回音室效应，是指人们倾向于在小圈子里寻找信息；信息茧房则是指人们只听得到自己想要听到的信息。两种现象都是网络时代的产物。

为什么会这样呢？答案是有限的大脑。当外界信息过于繁杂、变化无穷，超出大脑的接受能力，长期进化出来的心智模式会自动地产生反应，以获得确定性和安全感。从心理科学来看，回音室效应和信息茧房不过是人类自我保护机制的反应。

大脑进化的历史极为漫长和缓慢，因此大脑非常稳定。而社会变化和科技进步一日千里，给稳定的心智模式带来了巨大压力。桑斯坦的研究表明，虽然再多的信息也无法撼动稳固的心智模式，但是产生了一个严峻的问题：事实和认知之间的鸿沟加深了。

这一鸿沟产生于信息与心智模式的匹配问题。比如，桑斯坦将信息茧房和回音室效应看成一种"过滤气泡"，将不符合心智模式的信息统统过滤掉。这意味着，长此以往，你所看到的"事实"只是"被过滤后的偏见"。比如，抖音有一个算法推送的设计，根据用户的浏览记录不断推送同类信息，将其他信息排除在外。在这一过程中，认知偏见得到强化。除非深入认知规律，否则不会发现偏见的存在。

发现认知世界

人们很早就发现了"认知"的巨大威力，但对认知世界的深入研究和系统剖析始于半个多世纪前。

1956 年，乔治·米勒博士发表一篇论文叫《神奇的数字》，证实了人脑信息加工能力的局限：我们的大脑是一个不大的容器，对同一类信息通常只能加工和存储 7±2 个。这篇论文第一次揭示了我们大脑的有限性特征，此前我们普遍认为人类的大脑是一个可以存储无限信息的空间。

1963 年，定位之父艾·里斯先生将这一成果和心智的概念引入商业领域，第一次揭示了认知和事实之间的巨大鸿沟。

艾·里斯早年在通用电气负责营销工作，他在实践中发现很多事实上看起来非常有价值的内容，最终在消费者的认知里面却是不奏效的，由此发现了认知和事实之间的鸿沟。除非你的信息符合顾客的心智模式，否则所有努力都是徒劳的。在此基础上，他提出了商业史上著名的定位理论。定位理论旨在解决一个核心问题：信息爆炸时代，如何让产品和品牌进入顾客心智？

在某种意义上，定位理论把整个商业史带入一个全新的认知时代。在定位理论之前，几乎所有的商业理论都是以

"事实"为基础的，而定位理论指出，商业竞争中不存在所谓的事实，认知就是事实，而且认知决定事实。艾·里斯首次定义了商业竞争的终极战场在顾客心智，除非占据心智，否则你的品牌、你的公司将无法获得并保持市场份额。

定位理论诞生后的几十年里，认知心理学得到极大的发展。在认知心理学和行为经济学领域，先后诞生了三位诺贝尔经济学奖获得者，分别是：赫伯特·西蒙、丹尼尔·卡尼曼、理查德·塞勒。他们的研究成果进一步打开了认知世界。

赫伯特·西蒙指出人类行为的有限理性特征，影响决策消费者行为的主要因素是态度、情感、经验、动机等心理因素，只有部分是理性的。丹尼尔·卡尼曼指出，人类的大脑有 50 多种认知偏差。大脑有两个思考系统，一个快思考系统（直觉），一个慢思考系统（理智），只有当快思考系统出现问题的时候，才会启动慢思考系统。这也是存在认知偏差的主要原因。

赫伯特·西蒙和理查德·塞勒进一步研究人们决策过程中的行为特征，塞勒认为现实中个人往往依靠直觉来解决问题，就算是各种假设经常犯错误，人们也无暇顾及。

过去半个多世纪，认知领域的新进展向我们揭示了一个更加深远、清晰的"认知世界"，证明了一个深刻的命题：

所谓的事实，其实是认知建构出来的。从这个意义上讲，艾·里斯先生在 20 世纪 60 年代提出的著名论断——"心智是商业竞争的终极战场"——不仅具有先见性，而且直击商业本质。基于这一论断，心智是创新的终极战场，而品类创新则是利用已有认知建立一种新的组合，形成一个新品类的过程。

推及商业和创新领域，大量的技术创新和产品创新成为"先烈"的原因，根本就在于它不符合心智的规律，在众多的信息里面被过滤掉，或者是没有被优先存储，失去了率先进入心智的机会。换言之，事实上的创新，若缺乏认知创新——无认知或不是新认知，都会变成"先烈"。

七大心智模式

心智模式是指大脑如何收集信息、存储信息、过滤信息的机制，在人类演化过程中逐渐形成，具有普遍性和稳定性。

艾·里斯及杰克·特劳特是全球将心智概念及认知心理学原理和成果运用于商业领域的先驱，在他们的著作中曾经总结过基于营销和商业的"五大心智模式"。基于认知心理学的进展和对商业实践的观察，我们又提出了两个奠定了品类以及品类创新基础的新模式——"心智启于分类"和"阶梯有限而类别无限"。同时对原有的部分心智模式进行了优化，形成了"七大心智模式"，分别是：心智启于分类，阶梯有限而类别无限，心智斥同存异，心智排斥复杂，心智缺乏安全感，心智不易改变，心智排斥多重身份。

第一大心智模式：心智启于分类

心理学家道格拉斯·梅丁说过，概念和分类是构建人类思想和行为的基石。[一]

此话一点不假。心智的运转是从对信息进行分类和处理开始的，这也是其他所有心智模式的基础和前提，所以我把它称为第一心智模式。老话说，"物以类聚，人以群分"，实际上蕴含的就是分类存储信息这个心智模式。

从认知世界的角度看，面对外部的陌生世界、新生事物，人类首要的问题也许是"是什么"。"是什么"大概可以称作人类认识世界的"第一问"。该问题的背后正是分类的思考。"是什么"本身就是品类之问，意在为未知事物定性。为了回答这个问题，又引发了新一轮分类的思考，由此可见，分类

○一 资料来源：https://groups.psych.northwestern.edu/medin/documents/MedinRips2005Cambridge.pdf。

不是一次性的行为，而是持续的过程。有时要加工一个信息，可能需要多次分类处理，直到为信息找到一个最合适、最小单元的"类别"，这样可以避免因为类别混乱而被过滤。

大脑把信息进行分类，加以命名，最后存储的是名字。这个类别的名字不是信息本身，而是信息分类之后的命名，这就是品类。从商业视角看，品类就成了能够影响消费者购买决策的分类。比如，"跨界车"是汽车行业通行的"品类"，但它不是消费者心智中的品类，因为极少消费者会说自己要买"跨界车"。"四驱车"则相反，尽管行业人士只将"四驱车"视为一个配置或者版本，但消费者会将其视为一个独立品类，因为这个"品类"会影响消费者的购买决策。

分类不仅是大脑运转的起点，也是大脑运转的基本方式，贯穿人类日常的思考和行为。在商业领域，艾·里斯和劳拉·里斯在对消费者行为进行长期研究之后，提出了极其重要的洞见：消费者"以品类来思考，以品牌来表达"。意思是说，驱动消费者购买欲望和购买决策的是"品类"而非品牌。当消费者头脑中确定选择某一品类之后，说出来的则是代表这一品类的品牌。例如，当消费者口渴想买一瓶饮料，这时会首先思考"品类"如可乐、矿泉水、茶饮料等，一旦选定可乐品类，说出来的会是"可口可乐"品牌。

分类的本能让人类可以快速地存储、处理海量信息，以获得确定性和安全感，否则心智就会一团糟，无法运转。如果是这样，早期人类就无法在严酷的环境中生存下来。说到底，是自然进化机制塑造了人的信息分类存储能力。

对品类创新来说，第一心智模式极为重要，不仅将创新的原点假设从技术视角和企业视角转向了客户心智，而且突出了类别认知的决定性作用。

第二大心智模式：阶梯有限而类别无限

我们经常做一个实验，持续数十年，叫作品类阶梯测试。这个实验非常简单，就是在合格样本无提示的情况下，让志愿者在一分钟的时间里面说出同一品类中所有的品牌，得到的结论非常明确：志愿者能够想起来的同一品类的品牌数量通常不超过7个，非常熟悉的品类有时会达到9个，对于一些不经常使用的品类则只能说出两三个品牌。这个结果在过去几十年里的上千场测试中，几乎没有例外。这个实验也验证了乔治·米勒的观点——在同一个品类里面，消费者存储的信息数量是 7 ± 2。

与之对应的是另一个测试，我们让志愿者列出他能想到的品类的数量，结果他们几乎可以无穷无尽地列下去。这是个非常有意思的现象。为什么人们可以记忆庞大数量的品类，但是只能记住同一品类中极其有限的品牌？一个可能的解释是：在采集时代，人类的食物极其匮乏，同一个类别里面的可选择的选项很少，甚至可以说极其有限。为了生存人类只有不断关注探索、拓展新的食物来源和种类，逐渐形成了这种独有的心智模式。

"阶梯有限而类别无限"为品类创新的方法论提供了进一步的启发。在某一个品类里，人们大脑能存储的品牌极其有限，所以，即使你在已有的品类里提供了更好的产品，得到的结果往往也是无法被心智存储。即使能存储，机会也非常有限。如前文提到的，一个品类可以容纳的品牌数量极限是7±2，随着时间的推移，这个数量还会不断减少，逐渐集中到数一数二的品牌。但是，我们知道今天市场上，一个品类里面可能有几十甚至上百个同质化产品，即使是你的产品有局部创新，也仍然会被海量的品牌所淹没。例如，在中国市场上，很多国产轿车产品都经过一些微小改良，但在过去10年里，只有个别品牌进入销量前10位。对于国产轿车而言，要取得突破性的进展，显然更好的做法是更换一个品类。

另一个选择就是开创一个新品类。因为心智对新品类的存储空间是无限的，所以新品类的机会也是无限的。只要你不断地创造出新品类，就有更多的机会被心智接受和存储，也就是我们常说的：不同胜过更好。

第三大心智模式：心智斥同存异

心智斥同存异是指过滤机制：什么样的信息被过滤掉，什么样的信息被留下来。斥同存异就是信息筛选的方式。心智优先关注那些不同的信息，已有的、类似的信息，心智是倾向于过滤的。

在我们做过的"超市测试"中，让一组志愿者到一个超市里，以同样的速度和时间去浏览超市货架上的产品，浏览完之后让他们说出他们关注到的一些产品或品牌，最终的结果是：消费者说出来的大多都是一些自己之前没有见过的新品类和新产品，对于已经了解的产品、品牌和品类，志愿者要么标注为"同质化"的"没有新鲜感"，要么印象不深刻。这种现象叫作"非注意盲视"，即人们只想看到自己想看的东西。

那么，什么是人们想看的？就是那些不同的、差异化的事物。为什么会这样呢？构想出无限多的新概念的能力是人类社会发生的原动力，也是进化出来的能力。对于熟悉的事物，人们通常熟视无睹，因为安全。而差异化的事物则容易引起人们的警觉，并率先引起关注。

这给我们带来的启发是：首先，从"注意力"来看，新品类具有天然优势，因为不同而得到心智的优先关注。其次，优先关注会引发系统优势：在终端，新品类会比同质化产品获得渠道的兴趣和展示机会；在展会上，新品类会获得更多的媒体报道和公关机会；在广告中，新品类会有力地提升广告效果……这些都构成了新品类强劲的竞争力。

第四大心智模式：心智排斥复杂

心智存在天然的惰性，会把复杂的概念标记为"混乱"。也许因为人类在很长的时间里所处的环境和接触的信息都是相对简单的，所以心智没有形成处理复杂信息的能力和习惯，大多数时候，就像众多心理学家所说的，我们依赖于自动化系统——一种直觉体验。

在企业里，关于创新有一种现象叫作"瑞士军刀思维"。瑞士军刀聚集了多种功能，既有指甲钳，又有螺丝刀，还有各种各样的功能。这样的产品思维契合很多企业的想法，堆砌功能和概念，每增加一个功能就增加一个消费群体，总有一款适合你。

设想很完美，现实很骨感。"瑞士军刀思维"存在巨大的认知缺陷。比如，尽管它有指甲钳，但我们要剪指甲的时候不会想起瑞士军刀；上面有餐刀，我们吃西餐的时候不会想起也不会用瑞士军刀。从表面上看，瑞士军刀有很多功能，可以覆盖和替代多个市场，但是实际上它的销售额非常有限，最鼎盛的时候也才有十几亿元人民币。

为什么心智排斥复杂？信息刺激越是复杂，越困难，占用的认知资源越多，越需要心智分配很多的资源去处理。因此，我们最佳的做法就是简化产品和信息，"少即是多"。对于创新，尤其是产品创新、技术创新，最大的问题在于过于复杂、碎片化，导致无法被心智处理和接受。反过来，如果能够用一个清晰简单的概念，那么复杂产品被心智接受的概率就会大大提升。

例如，有这样一种汽车，具备以下特征：纯电动，超长续航，百米加速度非常快，可升级进化和自动驾驶。如果我们向大众同时传播这五个特征，不仅效率低下，而且被大脑清晰认知的概率极低。如果把它简化为一个概念，用"智能电动汽车"来描述，就会很容易被心智关注，传播效率会非常高，这就是特斯拉所做的事情：把复杂的技术转化成一个新的品类概念。

第五大心智模式：心智缺乏安全感

如果你来到一个陌生的城市，会怎么选择餐馆呢？通常，人们会找一个生意好的、人多的餐馆。这里蕴藏着一个心智模式：人多的餐馆可以有效降低不安全感。这就是第五大心智模式：心智缺乏安全感。

在马斯洛的需求层次理论中，安全与生存一样，都是最基本、最强烈的需求。为什么会这样呢？在漫长的时间里，人类曾处于食物链的底端，既面临猛兽的威胁，也面临食物匮乏的威胁。为了应对风险，人类一方面通过群居的方式增强协作，另一方面保持高度的警惕和风险感知。这些成功经验在长期进化中逐步积淀下来。

企业创新总是伴随着风险，越是颠覆式的创新，风险越高。心智缺乏安全感，让创新成为一个缓慢接受的过程。最早是一小部分人在尝试，大部分人在观望，直到有人成功之后，其他人才开始跟进。这是创新中的常态。

品类创新具有一个独特的优势，就是尽管其他的品牌可以完全复制你所有的产品，复制你所有的技术，但是你仍然保持着一种客观的、认知上的优势。因为你进入市场最早，积累的初期消费者最多，起步就是领导者。当有竞争者跟进、模仿的时候，尽管你失去了技术上、产品上的优势，但不会失去品类开创者和领导者的认知优势。只要有消费者对你的品类感兴趣，你被接受、被选择的概率就比竞争对手大得多。

第六大心智模式：心智不易改变

心智有一个重要的特点：一旦建立认知，往往很难改变。

心智不易改变，首先体现为"先入为主"效应。最早解决问题的品牌会成为消费者心智里占据重要位置的品牌，将之默认为品类的发明者、开创者，甚至当作品类的代表。而将后来的品牌看作模仿者，关注度和评价都会降低。

我们经历过中国商业史上最大的一场商战——"凉茶战"。当王老吉作为罐装凉茶品类的开创者，占据顾客心智、形成稳固认知之后，加多宝投入了超过十亿元的广告费用，宣传"销量领先的红罐凉茶改名加多宝"，在传播投入的声量上对王老吉形成压倒性的优势，但最终也无法撼动王老吉在顾客心智中的地位。

人们倾向于肯定自己的选择。当选择一个产品之后，人们对自己选择的东西往往给予积极的评价，除非这个产品有严重的瑕疵或缺陷。由此可见，率先进入心智的品牌相比对手更容易形成口碑。

这就意味着，无论任何情况，都要全力争取和确保品牌代表品类首先进入顾客心智，这样才能获得最佳的认知机会，同时构筑竞争壁垒。品牌可以不是市场上的领先者，也可以不是产品和技术的领先者，但一定要成为心智中的领先者。

做得好不如做得早。很多企业想把产品做得完美一些，但是更好的做法是争取在心智中先入为主，抢先占据这个认知的机会，同时快速迭代产品。这也是品类创新的意义所在——直接在终极的心智战场上建立优势。

第七大心智模式：心智排斥多重身份

心智对具有多重身份的信息会变得无所适从。为了更好地记忆和存储信息，心智习惯于把一个信息分配给单一的类别，一个信息对应一个类别，当一个信息具有多个类别属性的时候，心智往往难以给它归类，也很难对它进行处理。

有一个"标签效应"：当一个人拥有一个清晰的标签时，往往令人印象深刻，评价较高。反之，当一个人具有多种标签时，标签会被破坏，人们对其印象会减弱。就比如一个牙科医生和一个全科医生相比，人们倾向于认为在牙科方面，牙科医生比全科医生好。

列奥纳多·达·芬奇，意大利文艺复兴三杰之一，也是整个欧洲文艺复兴时期最完美的代表。他是一位思想深邃、学识渊博、多才多艺的画家、寓言家、雕塑家、发明家、哲学家、音乐家、医学家、生物学家、地理学家、建筑工程师和军事工程师。他广泛地研究与绘画有关的光学、数学、地质学、生物学等多种学科。他的艺术实践和科学探索精神对后代产生了重大而深远的影响……然而在今天人们的认知中，他有一个鲜明的标签，那就是一位伟大的画家。

所以，当一个已经代表某品类的品牌名称试图同时代表更多品类的时候，通常是行不通的，这就是商业世界里品牌延伸的陷阱。新品类使用某一个代表的老品牌名，会产生严重后果：新品类在心智的竞争中处于劣势，稀释老品类的代表性，被消费者认为不专业。比如，可口可乐很知名，假如它以"可口可乐"品牌推出来一个零糖、零脂、零卡的气泡水，就会带来问题，消费者认为可口可乐就代表可乐品类，而不代表零糖、零脂、零卡的气泡水品类。所以，对新品类而言，沿用老品牌会掩盖其创新性，同时被认为不是那么专业。

很遗憾，现实的情况常常是颠倒的：当没有品类创新的时候，不应该启动一个新品牌，然而很多企业启动了新品牌，结果失败了。当进行品类创新的时候，需要一个新品牌，然而很多企业没有这样做，也失败了。

七大心智模式造就"品类创新"力量

在七大心智模式背后，我们看到了清晰的"品类"原理，它们为品类及创新提供了坚实的心智基础，同时为品类创新的方法提供了底层原理的指引，总结如下，如图 3-1 所示。

图 3-1　新品类与七大心智模式

心智启于分类：构建了"品类"的心智基础，明确了"品类"概念的心智"合法性"。

阶梯有限而类别无限：构建了"品类创新"的心智基础，明确了"品类创新"概念的心智"合法性"。

心智斥同存异：明确了"品类创新"的认知优势。

心智排斥复杂：明确了"品类创新"的认知优势及新品

类的定义要求。

心智缺乏安全感：明确了"品类创新"者的认知优势。

心智不易改变：明确了"品类创新"者的认知优势。

心智排斥多重身份：明确了"品类创新"者的认知优势，为"新品类"品牌名的使用及定位等品类设计提出要求和指引。

品类创新是全球第一种，也是目前唯一立足于顾客心智模式的创新战略。通过"品类创新"方法诞生的新品类，因为符合心智模式以及规律，在进入心智竞争时拥有先天的优势，从而最容易赢得心智之战。

超级技术进一步强化心智模式力量

21世纪，人类进入超级技术时代，大量革命性的技术涌现，超级技术是否会对心智模式的作用产生重大影响甚至颠覆？尤其人工智能技术的兴起是否会取代心智模式的运转场景？确实，今天人类最大的挑战之一就是：拥有采集时代的心智如何适应有史以来最先进的技术。除非出现重大的基因突变，导致认知水平和心智模式发生巨大跃升，否则在可见的未来，这一挑战将一直存在。

超级技术将进一步推动信息爆炸：信息产出将更加便捷迅速，新产品推出和复制的速度将大幅提升，媒体也将进一步分化……超级信息时代信息爆炸与心智模式之间的矛盾将进一步激化，心智及心智模式的力量越发凸显。

AI 技术的发展和运用，也将进一步推动心智模式跨越人的限制，进入互联网、自动驾驶等领域，因为"人工智能"的本质就是模拟人脑的运转模式。今天，这个趋势已经在以智能推送为核心的互联网运用上体现：在这场"去中心化"的革命中，大而全的品牌流量在丧失，品类创新以及更加聚焦、更加符合心智模式的新品类和新品牌在崛起。

一切才刚刚开始。我们有理由相信，超级技术将催生全球商业品类创新的黄金时代。

自然演化：品类创新的宏观指引

寻找演化规律

如何发现品类演化的宏观规律？常规的做法是，对某一行业和品类的历史进行研究，然后从中总结、发现并验证某些规律。例如，克莱顿·克里斯坦森提出：寻找那些迭代发展的行业，比如硬盘，阐述不同类型的变化如何导致某些类型的企业走向成功或失败，或者在所研究的行业重复其变化周期时验证那些理论。

这种做法的优点和缺点都显而易见。其中，最大的缺点在于，通过研究某一具体行业或者品类某一阶段的历史，无法得出商业和品类演化的真正规律。这是因为受限于某一行业或者某一历史的狭窄视角。

为此，我们需要另一种更为大胆但完全合理的思路：跳出具体的行业，甚至跳出品类或商业本身，找到一个与商业和品类演化最为相似的领域，比如将自然演化作为参照模型，从更长周期、更大领域的变化来把握那些本质规律。

自然演化：理解商业演化的最佳参照

自然演化是今天我们所能找到的、理解商业演化的最佳外部参照模型。

首先，跳出商业甚至人类社会，从更广的视角看，我们完全可以把商业竞争和商业演化当作自然竞争以及自然演化的延续。自然演化有上亿年的历史，经历了无数次内外部环境的剧变和无数物种的兴衰，其内在规律远比我们在商业世界的规律可靠。

其次，商业形态与自然生态非常类似，其演化进程是复杂、系统、动态的，与自然演化的特征高度一致。更重要的是，商业演化与自然演化有共同的驱动力——竞争。商业物种如何在市场竞争中脱颖而出、持久生存，在相当程度上遵循自然演化的规律。

进化论的观点在互联网领域的盛行并非偶然。当广域互联网将世界整合为一体的时候，复杂科学理论渐成主流。失控、涌现、随机、幂率、涟漪效应、生态……这些层出不穷的新名词呼应了互联网公司的真切体验：所有公司都被一股强大的力量卷入，这就是演化的力量。

达尔文的商业演化密码

讨论演化规律，绕不开达尔文。达尔文的理论主要包括四个子学说。

一是进化论：物种是可变的，现有的物种是从别的物种变来的，一个物种可以变成新的物种。

二是共同祖先学说：所有的生物都来自共同的祖先。

三是自然选择学说：自然选择是进化的主要机制。

四是渐变论：生物进化的步调是渐变式的，它是一个在自然选择作用下，累积微小的优势变异的逐渐改进的过程，而不是跃变式的。

除了渐变论，前面三种学说都达成了广泛共识。达尔文认为，在自然选择的作用下，物种会产生两种变化，一个叫作变异，另一个叫作渐变。一个新的物种如何诞生？原有变异经过自然选择产生持续的变化，也就是渐变，诞生新的物种。达尔文过分强调了生物进化的渐变性，他深信"自然界无跳跃"。

一百多年过去了，后来的生物学家发展了达尔文的学说，形成今天更为完善的自然演化理论，其中最重要的观点就是放大"变异"在新物种诞生过程中的作用和程度，即"突变"。"突变"是一种跳跃式的变化，它是催生新物种的关键。

达尔文的学说具有划时代的意义，为我们洞察商业演化密码提供了诸多启示。

第一个密码：自然界的基本单位是物种，自然界的竞争是不同物种之间的竞争。同理，品类是商业界的物种，商业竞争的本质其实是品类之间的竞争。比如，智能手机对功能手机的替代，酱香白酒对浓香白酒的影响，SUV 对轿车的冲击等，都是新品类与老品类之间的竞争。

第二个密码：突变和渐变是推动自然演化的两大力量。突变和渐变也是推动商业演化的两大力量，突变诞生新品类，渐变提升竞争力，两大力量都必不可少。比如，智能手机的突变，iPhone 开创智能手机之后，不断出现大屏幕智能手机、拍照智能手机、音乐智能手机……这是一种突变，如图 3-2 所示。同时，iPhone 也不断渐变，从 iPhone1 到 iPhone12，屏幕变得越来越大，性能越来越好，存储量越来越大，机身越来越薄，确保了 iPhone 在高端智能手机品类中的强大竞争力，如图 3-3 所示。

图 3-2　智能手机的突变

对于企业来讲，识别突变和渐变非常关键。突变的时候要启动品类创新，渐变的时候应该迭代升级。如果把这两件事情搞反了，企业将蒙受巨大损失。

图 3-3　高端智能手机的渐变（以 iPhone 为例）

　　实际上，大量的失败企业和品牌恰恰做了相反的事情。大部分新品牌都基于"渐变"诞生。比如，元气森林开创了0蔗糖气泡水品类之后，市场上出现了众多的气泡水品牌，它们或多或少进行了一些改良，例如口味或者包装等方面；但在"元气森林"已经占据稳固认知的情况下，其他品牌依托微小的渐变根本无法获得成功。又如，大部分突变的新品类都沿用了老品牌，导致新品类被老品牌的刻板印象所掩盖，丧失了先天的认知优势。这种情况在纯电动汽车领域非常普遍，几乎所有的全球汽车巨头都沿用老品牌推出新品类，这将成为汽车史上最大的悲剧。

　　第三个密码：自然选择的力量左右着整个生物界的演化。同样，市场选择——消费者选择——的力量也左右着商业演化。

经济学家迪尔德丽·麦克洛斯基把造就过去两个世纪大丰盛的制度称为"创新主义"而非"资本主义"。她认为，经济发展的关键要素不再是资本，而是出现了受过市场检验、以消费者为导向的创新。她把工业革命的原因归结为生产的分散化、对新思路的检验：普通人能够做出贡献，选择自己喜欢的产品和服务，推动持续创新。换句话说，市场选择的力量在创新中起到决定性作用。

今天，商业领域的一个巨大的认知误区是，把"市场选择"简单等同于满足消费者需求。事实上，仅仅满足了消费者的需求并不能让企业成功甚至存活。

以瓶装水市场为例，理论上每一瓶两元钱的天然水都可以满足消费者解渴的需求，但是除了品类的开创者和品类之王农夫山泉之外，市场上推出大量两元天然水的品牌都消失了。

市场选择的主体——消费者——背后蕴含两大基本要素"需求"和"认知"，二者缺一不可。需求是长期以来被商业界关注和重视的要素，认知则未被重视和关注。在科技发展、产品过剩的今天，仅满足需求却不能被心智所接受，最后必然失败。

第四个密码：自然竞争推动物种之间进一步的差异化。

同样，市场竞争也推动品类之间的差异化：品类之间形成的差异越大，新品类的生存空间也越大。

达尔文指出，任何一个物种的后代在变异过程中，以及在一切物种增加个体数目的不断斗争中，后代如果变得越不同，它在生存斗争中就越有成功的机会，自然选择能引发性状分歧，并且能使改进较少和中间类型的生物大量灭绝。

在商业领域同样如此。一个品类中分化出的新品类，除非和原有品类具有显著差异，否则往往难以成功。汽车行业中，自轿车诞生之后，存活下来的新品类包括 SUV、MPV、皮卡等与轿车在功能上及价格上有显著差异的品类。那些在造型、舒适性、性能等方面有一些改良和进化的产品最终都因为不足以形成品类差异而消失了。

第五个密码：从长期来看，每一个物种都会不断地分化出更多的物种。自然界的生物演化史就是从简单到复杂的分化史。商业领域也如此，每个品类都必然长出更多分支，分化越厉害的品类生命力越旺盛，竞争力越强。

商业演化的自然规律就是品类分化定律。我们长期研究品类历史后发现，每一个品类要么走向灭亡，要么走向分化，强大的品类总是通过不断分化获得发展的。

比如，在比萨领域出现了各种各样的比萨，堂食的比萨，外带、外卖的比萨，让该品类越来越兴旺。而缺乏分化的品类，如凉茶，今天就面临着品类衰落和被边缘化的巨大挑战。

第六个密码：在自然界，旧物种会衰落、灭绝，新物种会不断诞生。商业界同样如此，新品类生生不息，商业循环永不停止。

如图 3-4 所示，回顾生物演化的历史，自从生命大爆炸以来，每个时代都诞生过地球霸主，但没有一个霸主贯穿始终。

寒武纪：奇虾

三叠纪：波斯特鳄

侏罗纪：蛮龙

白垩纪：霸王龙

古新世：泰坦蟒

全新世：人类

图 3-4　各个时期的地球霸主

商业领域同样如此，从洛克菲勒到通用电气、通用汽车，再到可口可乐、苹果、特斯拉，每个品类都有鼎盛时期，如图 3-5 所示。有的品类生长比较缓慢，生命周期长，比如烈酒和奢侈品；有的品类生长速度快，更替也快，比如互联网产品和高科技产品。

洛克菲勒　　可口可乐　　通用汽车　　通用电气　　苹果　　　特斯拉
20世纪初期　　20世纪　　20世纪中期　20世纪后期　21世纪初期　21世纪

图 3-5　各个时期的商业霸主

　　至此，商业界与自然界，品类分化与物种进化的规律完美对接。与上亿年的自然演变相比，商业世界的历史只有一瞬。老子有言：人法地，地法天，天法道，道法自然。如果说物种是自然的创新，那么品类则是市场的创新，因为它们遵循着同样的演化之道。

4

里斯品类创新思维模型：如何创造新品类，成为品类之王

如何指引企业一步步展开品类创新实践？这是一项艰难却极具价值的工作，过去 10 年里，在品类创新底层理论的指引下，我们一方面研究全球数以千计的品类创新案例，从它们身上总结品类创新的经验教训，另一方面通过里斯战略定位咨询全球团队数以百计的案例进行实践，最终形成了全球第一个品类创新思维模型，如图 4-1 所示。

品类创新思维模型分为五个步骤，环环相扣，缺一不可。分别如下：

- 发现：品类创新五大方向和新品类三大洞察；
- 设计：新品类设计 4N 模型；
- 检验：新品类五问；
- 推出：新品类如何起步；
- 成果：成为品类之王。

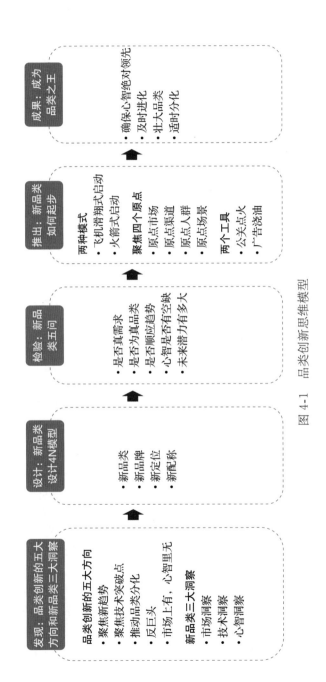

图 4-1　品类创新思维模型

发现：品类创新的五大方向

如何开始品类创新？创新如同在茫茫大海里面摸索，很多企业完全不知所措。品类创新的第一步，是找到行业中那些容易诞生新品类的土壤，也就是更容易产生新品类机会的方向，进行深入洞察和研究。我们认为，品类创新通常在以下五个方向最容易找到机会。

聚焦新趋势

新趋势就是现在小、未来大的机会。新趋势往往是品类诞生的重要发源地，背后蕴含新的需求，从而孕育出新品类。

如何发现新趋势？通常有四个方法。

一是挖掘数据。通过对过去五年以上大数据的扫描，找出那些持续增长的子品类。需要注意哪些子品类呢？首先，它应该是现在小、未来大的品类。应避免过于关注那些大行业，因为大的、成熟的品类往往竞争激烈、增长缓慢，而且心智已被占据。而是重点关注那些现在基数不大但潜力巨大的新品类。其次，增长速度重于现有容量。某种意义上，新品类的市场目前有多大并不重要，重要的是它的增长速度和成长性。所以，对细分品类的数据挖掘至关重要，要找到那些低增长市场中的增长极。最后，要厘清细分品类高速增长的驱动力：增长的原因是营销推动还是资源推动，企业推动还是消费者需求推动，尤其需要关注的是消费者对品类的满意度。我们曾经通过大数据扫描发现"乳酸菌饮料"品类连续几年出现高增长，但当我们去研究背后的驱动力时发现，"乳酸菌饮料"品类的高增长是基于企业大营销投入的推动，消费者对品类本身的满意度并不高，因此我们预判该品类的成长缺乏可持续性，后来的实际情况验证了我们的判断，如图 4-2 所示。

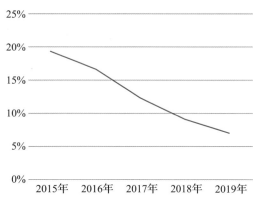

图 4-2 2015 ～ 2019 年中国乳酸菌饮料市场增速

二是参照高阶市场。所谓高阶市场，就是品类率先发育的成熟市场。例如，很多品类在欧美市场发育的时间比其在中国早，研判它们的品类成长状况，可以为中国市场的趋势洞察提供参考。从市场化的角度来讲，如果品类机会在欧美市场得到验证，在中国市场大概率也会得到验证。当然，如何更精准地选择要参照的高阶市场，需要结合具体行业和品类。在汽车、饮料等品类中，美国会是中国很好的参照市场，我们说美国汽车市场的今天会是中国汽车市场的明天。零卡饮料也如此，今天，中国市场零卡饮料逐渐发展，其实在 10 年前，美国的零卡市场已经开始发育。食品饮料在零卡这个概念上，美国领先中国 10 年左右。

三是参照近似的品类。确定新趋势有一个重要判断标准：它会在若干品类里面兴起、使用，而非仅在某一品类。比如植物基、0 蔗糖等新趋势都呈现出这样的特征。0 蔗糖作为一种新趋势在气泡水品类中兴起之后，逐渐应用于酸奶、烘焙食品等众多品类。由此可以预判，这个新趋势将在更多的品类中得到应用，实际上，目前在上海、北京的一些超市里，已经出现了 0 蔗糖食品专区。

四是从一线市场发现。一线市场仍然是新趋势重要的发现地，最有效的信息来源是一线销售人员。一线销售人员直接接触广泛多元的消费者，听到他们经常咨询、关注的问题，可以帮助我们发现和确定新趋势。

聚焦技术突破点

技术的突破点是新品类诞生的重要方向之一，它通常分为两个部分。

一是技术突破带来的行业变革。一种重要的技术突破往往会给若干行业带来创新的机会，比如人工智能技术的突破，对媒体、互联网、汽车、医疗、教育等很多行业都带来了新的变革，这些行业变革孕育着新品类的机会。又如冻干技术的发展，给食品行业带来了一系列品类创新的机会：咖啡里的冻干咖啡、冲泡饮品里的冻干水果、方便食品里的冻干蔬菜，等等。

二是信息科技迭代直接创造的品类机会。回顾互联网发展史，每一次技术迭代都带来批量创造新品类的机会，比如在PC（Personal Computer，个人计算机）互联网时代，诞生了一大批基于PC互联的门户网站和工具，包括新浪、百度等。当移动互联网诞生，一批基于移动互联的新闻资讯平台及搜索工具应运而生，比如今日头条等。你会发现一个非常有意思的现象，在PC互联网时代，之前线下有影响力的品牌，在PC互联网上影响力大大降低。例如，线下强大的传统媒体虽然都实现了线上化，但影响力都得到了不同程度的削弱。到移动互联网时代，PC 互联网时代的大品牌的影响力也大大削弱。百度就是一个例子，在 PC 互联网时代，百度在中文搜索市场处于绝对优势地位，但在移动互联网时代，搜索量最大的品牌可能是今日头条，而且过去的被动搜索已被智能推送所替代。

今天，一个全新的、正在兴起的互联网概念叫作元宇宙，又被称为第三代互联网。按照品类的心智规律，那些在移动互联网时代强有力的品牌如 Facebook、微信、抖音、今日头条等，到了元宇宙时代可能会被大大削弱。最大的机会在于结合元宇宙来发展出全新的应用、全新的品类和品牌，这是全球互联网领域未来十年、二十年最重要的品类创新方向。

推动品类分化

自然演化的历史规律让我们知道品类必然走向分化，尽管如此，如果没有企业去推动，就不会诞生新品类。如何推动分化？研究和预判品类的分化路径是极其重要的手段。

研究品类的分化路径的方法有两种：第一种是去研究品类分化的历史。从历史中发现分化路径，然后作为参照推及未来。比如，研究餐饮品类分化历史，我们发现非常有意思的分化路径：快餐是以主食为标准来分化的，因为快餐消费者关注吃饱，所以考虑的是主食。由此可以看到，快餐品类都是米饭、面条、饺子、米粉等。西式快餐也如此，如汉堡、三明治、比萨等。但是特色餐饮就不一样了，特色餐饮都是以菜品分化的，消费者关注的是某一道招牌菜，所以在菜品这个分化路径上产生了很多不断分化的新品类，比如火锅品类诞生了鱼头火锅、羊肉火锅、牛肉火锅、海鲜火锅、虾火锅、毛肚火锅，一道菜就形成一个品类。

第二种分化路径是消费者的认知。关键点是我们去发现认知中的分化路径和行业的实际情况是不是发生错位，如果有错位，那么企业就找到了新的机会。比如，当整个汽车行业都依照价格进行品类分化，纷纷打造入门车、中级车、豪华车品类的时候，我们发现在消费者的认知中，车型是比价格更重要的分化标准，所以车型成为一个重要的分化路径。

反巨头

中小创企业思考品类创新方向，往往对既有品类的领导者心存畏惧，本能避开领导者，这种做法往往容易丧失品类创新的重要机会。一般来说，任何强大的领导者背后一定有不可克服的弱势，所以针对领导者反其道而行之，也称为反巨头。反巨头有两种情况：一种情况是反某一个巨头品类，另一种情况是反某一个巨头品牌。特斯拉采用的就是前者，它并未针对奔驰或者宝马，而是针对整个传统燃油汽车品类，放弃了"混合动力"的中间路线，确定了"零妥协"的电动车品类大方向。

锤子手机的创始人罗永浩曾推出过一款即时通信工具"子弹短信"，由于明显针对微信而来，"子弹短信"迅速吸引了众多著名基金、投资人的关注。因为没有人想错过"反微信"的投资机会，尽管风险巨大。遗憾的是，"子弹短信"并没有找到微信的弱势，"子弹"寓意速度快，但几乎没有人反映微信很慢。同时，品类的定义也存在严重问题，短信像"罐头"一样，是一个过时的品类。背负两大战略性问题，"子弹短信"自然无法成功。

市场上有，心智里无

品类创新是一种基于认知的创新，重要的是发现那些"市场上有但心智里无"的机会。这里有两种情况：一种是品类还未普及。虽然市场上有了，但是没有普及全国市场或广泛人群，只是在区域市场或小众群体里销售，这种情况就存在着抢占这个品类的机会。比如，青海有一家叫作"小西牛"的企业，开创了老酸奶这个品类，但心智里谁是老酸奶这个品类的开创者呢？蒙牛。青海小西牛长期在青海市场销售，而蒙牛把老酸奶这个新品类概念带到了全国市场，迅速成为一个重要的酸奶品类。

另一种是品类已经普及但是心智里还没有代表品牌。比如，有一个女袜品牌叫浪莎，但是并没有公认的男袜品牌，这意味着存在一个占据男袜品类空缺的品类创新机会。但和前一种情况不一样，如果只是简单地推出一个专门的男袜品牌，很难占据这个心智中的品类空缺。由于男袜这个品类已经普及了，要让消费者放弃已经在消费的产品，必须在"男袜"的基础上进一步创造差异化品类。

发现：新品类三大洞察

在品类创新的五大方向上，进一步借助品类洞察工具，可以找到具体的新品类机会和初步概念。品类洞察工具包括市场洞察、技术洞察、心智洞察三大洞察。

市场洞察

市场洞察就是通过解决问题发现新的、潜在的、未被关注的需求。以下是市场洞察中的一些具体方法和思路。

第一，结合新趋势，发现新问题。趋势从某种意义上是由问题驱动的，社会不断发展产生的新问题就会带来发现新品类的机会。比如，当今人类最大的健康问题是肥胖问题，为了解决肥胖问题，有四个很重要的概念：高蛋白、高纤维、低糖（碳水）、低脂肪。每一个概念和某个具体品类结合起来都可能开创新品类，例如"高蛋白＋牛奶"会诞生高蛋白牛奶品类，"低脂肪＋牛奶"会诞生低脂肪牛奶品类，这些都是一个个具体品类，同样 0 蔗糖、0 热量和各种食品、饮料等品类结合起来就能形成新品类。

第二，关注消费者的变化。例如，消费结构的变化、家庭结构的变化会带来品类创新的新机会。今天，家庭平均人口数量持续下降，单身家庭比例持续增加，一人食和小包装就成了新品类。像小包装的每日坚果就是一个很好的例子，将坚果仁和水果干按营养比例进行配比，采用小包装，一天吃一小包。每日坚果成为坚果市场近年来最成功的新品类，市场容量超过百亿元。

小包装酒同样是基于一人消费推动的品类，江小白的崛起背后并非青春小酒，而是小包装酒这个趋势，遗憾的是，由于缺乏更清晰的品类创新及配称，江小白并未把握住这个品类机会。

又如，中国大部分特色中餐厅都是基于多人饮食的场景设计，快餐可以覆盖个人饮食，但是产品又比较低端，所以一个人吃的特色餐饮有望成为餐饮品类创新的重要机会。

第三，关注渠道成本高昂的问题。结合互联网进行渠道品类创新，小米就是一个典型的例子。小米诞生的时候缺乏渠道资源，就开创了互联网直销方式，节省了渠道成本。在手机品类里，经销商和渠道门店的成本占了相当大的比例。网络直销模式为小米的极致性价比做出了巨大贡献。

第四，降低使用门槛。便利性是创造客户的重要方式，如果能够降低产品的使用门槛，就能产生新品类的机会，通常有三种方法。

第一种做法是从低频到高频。很多品类的产品由于包装规格过大，不仅成为低频消费品，而且造成了大量的浪费，如化妆品、茶叶都属于此类。一次性的化妆品、一次性的面膜，改变了低频产品的属性，变成了高频产品，降低了使用门槛，避免了浪费。美即面膜就凭首创单片销售的面膜，一度成为中国面膜的领导品牌。

第二种做法是从专业到大众。澳大利亚红酒品牌黄尾的创新方式就是由专业思维转化为一种普通大众思维，专业品酒都要通过历史工艺酒庄专业品鉴，价格昂贵，而黄尾红酒只强调一个产地——澳大利亚，而且产品好喝，不需要专业品鉴，定价平民化，接近美国市场红酒平均价格 6.99 美元，同时建立了一个强有力的视觉标志"袋鼠"，这些举措让黄尾迅速成为全美红酒市场最畅销的品牌之一。

再如小罐茶，聚焦一个产品，只定一个价格，这让消费者的选择变得非常简单，打破了中国茶叶复杂分类和品鉴的传统。但它未能定义出新品类，而且过快扩张导致它很快放弃了聚焦单一价格的做法。

第三种做法是从原料到成品。中国有很多历史悠久、心智资源丰富的产品，如人参、三七、燕窝、虫草、海参等，长期以来作为一种原料在销售。如果将这些原料制作成契合当今消费习惯的成品，同样是品类创新的重要机会。例如，最初用来泡酒的虫草，被压制成为"虫草精片"之后，取得了成功。立足于燕窝这种原料的成品"鲜炖燕窝"新品类，同样受到年轻人的欢迎。

技术洞察

技术洞察的核心就是用新技术解决老问题，即解决现有品类的痛点。如果将技术创新与新品类结合，那么企业获得的回报将难以想象。

以日本清酒为例，日本清酒虽然用纯米酿造，但因为米粒中有蛋白质、脂肪、矿物质等成分，酿出的酒容易产生杂味而且上头。针对这一问题，日本米酒企业进行了工艺创新。通过磨去米粒外部的物质，剩下纯淀粉，这样酿出的酒不仅纯净甘甜，富含丰富的花果香味，而且不容易上头，饮后容易头痛的问题也得到了解决。更重要的是，日本清酒厂商把精米步合50%以下的米酒定义为高端米酒品类"大吟酿"。像獭祭品牌，聚焦大吟酿品类，推出当时日本国内精米步合最高达到23%的产品（一粒米，磨去77%，仅剩下23%），一举成为风靡全球米其林日料餐厅的高端日本清酒品牌。

再举一例，康巴赫蜂窝锅的创始人周和平观察到，传统不粘锅随着使用次数的增加，表面化学涂层容易逐渐被刮坏，既不利于健康，也容易粘锅。于是他设想将手机行业普遍使用的蚀刻工艺用于炒锅，在锅壁内蚀刻出凹凸的精细纹理。得益于蜂窝网状纹理的凹凸结构，不粘层与锅铲不易接触，不惧金属锅铲翻炒，较大程度降低不粘层脱落的可能性。这一创新最大限度地改善了锅铲与涂层接触而致脱落的问题，延长了使用寿命。在我们的协助下，康巴赫率先定义出全新的品类——"蜂窝不粘锅"，凭借这个新品类，康巴赫由一个初创的小企业成长为国内领先的高端炒锅品牌。

如果将新出现的技术和老品类结合起来，就解决了原来的痛点。例如，今日头条将智能推送技术和海量资讯产出相结合，成为移动资讯门户。一个门户网站每天更新的新闻资讯数量大概是两三千条，而今日头条每天更新的数量是三五十万条。门户网站的界面千篇一律，而今日头条的智能推送实现了个性化，每个人看到的界面都不一样。

心智洞察

心智洞察是指从心智出发，发现心智空缺的机会。这样做，企业未必是市场第一，却是心智第一；未必是品类发明者，却是品类的率先定义者。

第一种方法是聚焦。聚焦是心智洞察里最重要、最常用的方法，聚焦的方法就是收缩你的市场，直到你可以成为第一。

斯巴鲁是美国市场过去 20 年成长最快的汽车品牌，首先它在技术上是有优势的，1972 年斯巴鲁推出了一个四驱版本的轿车，这是世界上第一台家用的城市四驱车。1987 年，斯巴鲁首次在它的轿车上搭载了全时四驱系统，即当时量产车当中最高水平的四驱系统。

尽管它在四驱技术上保持领先，由于它同时生产四驱车和两驱车，所以斯巴鲁并没有把四驱车作为战略，因此技术的创新并没有给它带来市场上的领先，斯巴鲁在竞争中逐渐边缘化，20 世纪 90 年代出现连续亏损，8 年之间斯巴鲁暴跌了 45%。即使在 1992 年整个车市开始复苏时，斯巴鲁也没有走出泥潭。到了 1993 年，斯巴鲁换帅，停产两驱车，战略性地聚焦四驱车，才开始扭亏为盈，销售量增速持续跑赢大势和当时的主流品牌。在 2008 年金融危机期间，斯巴鲁依然保持增长。

斯巴鲁给我们带来的启示有两点：第一，技术优势远不如心智优势。尽管斯巴鲁拥有四驱技术上的优势，但并未让它在心智竞争中获胜；第二，聚焦能够开创一个新品类。当斯巴鲁停产两驱车，只产四驱车的时候，就开创了一个全新的品类叫四驱车，在消费者心智里建立一个四驱专家的优势认知，连续多年成为美国销量增速最快，利润最高的车企。因此，斯巴鲁成功的原因并不是生产四驱车，而是停产两驱车。

有两种聚焦方式可以让企业很容易发现各个品类里面的新机会。**一是聚焦某个群体**。通常是某一个需要特别关注的群体，例如儿童、老人或者女性。人群聚焦通常不应该聚焦最主流的群体，而是支流群体。群体的定义过于模糊宽泛，与之对应的产品也很难形成新品类，例如"00后"或者年轻人、白领。为何聚焦群体可以形成新品类，基本的原因是：人们普遍相信专门针对某个群体的产品更适合该群体，像儿童、老人、女性往往是容易被关注、被保护的群体，针对他们的产品更能产生说服力。例如，在牛奶中的"儿童成长牛奶"品类，奶粉的"中老年奶粉"品类，都是如此。

长城汽车旗下的欧拉新能源汽车最初定位于"新一代电动小车"，后来发现，由于车身小巧，具有好开好停的特点，深受女性喜爱，70%的消费者是女性。于是，欧拉聚焦于女性，采用女性设计师设计女性喜爱的造型和功能，如车厢里专门设置放置高跟鞋的空间、补妆镜等，创新了"女性电动汽车"的新品类，成为全球深受女性喜爱的新能源汽车品牌。

二是聚焦并放大产品的某种特性，如设计风格、独特口味等，都可能形成一个新品类。

全球快餐的领导者麦当劳同时是全球汉堡快餐连锁的开创者。麦当劳刚起步的时候，销售各种各样的烤肉和汉堡，但是大多数的盈利来自汉堡。后来，麦当劳关门三个月进行调整，再开张的时候完全聚焦于汉堡，同时专门推出了汉堡"金色拱门"的标志。麦当劳的调整，开创了一个叫作"汉堡连锁"的新品类，假如当初没有这样做，它可能不会成为世界上最大的快餐连锁店。

这同样是发掘中国餐饮市场这座金矿最有效，也是最被低估的方法。以火锅行业为例，仅仅通过聚焦食材，就诞生出花样百出的新品类：羊肉火锅、鲜牛肉火锅、毛肚火锅、鱼头火锅、美蛙火锅、鹅肠火锅、海鲜火锅等。

聚焦某一种独特口味同样可以诞生新品类。在可乐品类中，胡椒博士通过聚焦辣味可乐，开创了辣味可乐新品类，一举成为美国第三大可乐品牌。

第二种方法是抢先定义品类，包括抢先定义和重新定义两种情况。

抢先定义品类，是指品类发展初期，品类在事实上（如产品技术与功能）和认知上都不完善，企业率先完善产品、清晰定义品类的做法。iPhone是抢先定义智能手机新品类的例子。事实上，在iPhone之前已经存在了多款智能手机，甚至包括苹果自己推出的"牛顿"，只不过，乔布斯给"牛顿"的品类定义是"PDA"（Personal Digital Assistant，个人数字助理）。iPhone 定义的智能手机不同于传统的功能手机：首先，它采用触屏而非键盘输入；其次，它采取开放式系统，可以下载各种功能的 App；最后，它采用当时最先进的 3G 网络，可以利用更快的网络来使用社交软件等。iPhone 定义了智能手机的标准，建立了行业标准，成为智能手机品类的开创者。

重新定义品类，是指当既有品类产生了广泛的负面认知，例如不健康、低端的认知之后，并不试图改变认知，而是重新定义品类。

例如，奶茶品类就是一个带着"不健康"的负面标签的品类，因为早期奶茶企业为了降低成本，普遍使用植脂末、食用香料等人工原料，带来了负面影响。尽管部分奶茶企业也进行了更新和升级，使用真茶、真牛奶，仍然很难改变消费者的认知。

这种情况下，对于新进品牌来说，最好的做法是重新定义一个品类，与带有负面标签的品类形成区别。例如元气森林就把低糖低脂的健康奶茶重新定义为"乳茶"，从奶茶到乳茶，看似一个小的变化，实际上给消费者的认知完全不同。乳茶每瓶售价约 10 元，明显高于传统奶茶，而且让消费者产生它很健康的认知，相比使用原来的品类，建立认知的成本大大降低。

第三种方法是对立面。就是成为大品类、领先品类（或品牌）的对立面，将反巨头进一步深化。举个例子，iPhone开创了触屏智能手机，尤其是 iPhone 4 达到了巅峰，一个重要的原因就是它非常轻便，一只手就能操控。而三星做的事恰恰相反，它推出大屏产品，开创了大屏智能手机品类。

同样，红牛推出能量饮料这个新品类的时候，采取 250毫升的小容量包装，以强调提供浓缩而强有力的能量供应。魔爪则站在了红牛的对立面，推出了两倍容量 500 毫升的产品，开创了大容量能量饮料的新品类。

又如酱油市场，中国市场上大部分酱油都是鲜味酱油，鲜味酱油为了缩短酿造周期，节约酿造成本，使用味精、色素、防腐剂调制，因此味道更鲜，色泽更好。千禾酱油与之相反，推出了不添加味精、色素、防腐剂的零添加酱油，开创了一个对立品类。

第四种方法是利用心智资源，包括利用优势认知以及开创国家品类。

心智资源是历史积累下来的优势认知资源，利用心智资源的好处是企业无须进行观念教育，可以迅速启动市场，达到事半功倍的效果。

一是利用优势认知。苏泊尔的"球釜"就是很好的例子。中国用柴火灶做饭的历史悠久，人们认为柴火灶烹饪出的米饭味道更香，这就是重要的心智资源。苏泊尔正是利用了这个心智资源，设计出球形的高端电饭煲"球釜"，推出市场之后大受欢迎，年销售收入超过 50 亿元，成为苏泊尔最重要的产品之一。

二是利用国家心智资源，开创国家品类。国家本身就是一个天然的品类，比如德国车、韩国车、日本车、中国车。把国家心智资源和产品结合起来，很容易形成新的品类。比如，在伏特加市场上，全球销量最大的伏特加品牌是瑞典的绝对伏特加。法国并非伏特加原产国，但法国在酒类有一个优势认知就是"高端"。长期以来，法国的香槟、白兰地、红酒建立起了"高端酒类"的心智资源。灰雁借此开创了一个高端伏特加品类，成为全球第三大伏特加品牌。

从全球市场建立国家品类这个角度看，如今中国企业拥有着史上最多的机会。中国的全球影响力越来越大，对于全球消费者而言，也是催生新品类的最佳时机。如果中国企业把握住先机，率先在全球建立认知，就可能成为国家品牌的代表。

在全球市场打造国家品类，对于企业来讲有两种选择，一种是企业在国内做到第一，然后快速推向全球，成为全球消费者认知中国家品类的代表。还有一种是当企业在国内地位很低时，可以率先从国外起步，在全球市场抢先建立认知，成为全球市场国家品类的代表。

第五种方法是抢占心智。抢先占据心智是在"市场中有而心智中无"这个方向上进行洞察。当我们发现某一个新品类只在区域市场发展而尚未普及全国，尚未被消费者认知这种机会的时候，抢先通过大量的传播资源占据心智。这个方法是专为实力雄厚的企业准备的。

几年前，我曾为某中国领先的乳品企业管理层授课，课堂上，我让企业管理团队把企业主导的新品类中，用"抢占心智"的方法从区域小品牌中"抢来"的新品类列到黑板上，结果发现，这个企业几乎所有成功的新品类都来自"抢占心智"。

大企业也有一些挑战。比如，高层逐渐远离一线市场，规模越大越强调安全，决策缓慢等。这些问题阻碍了大企业迅速地把握品类机会。实践中，往往是中小型企业更能把握这类机会。

总而言之，市场洞察、技术洞察、心智洞察并不是相互割裂的，相反，一个潜力巨大的新品类往往能从三个方向上都得到确认。比如，特斯拉开创的智能电动汽车品类，既借助了新技术，也率先定义了品类，还用新品类解决了老问题。

不同生命周期的品类创新机会

如图 4-3 所示，对于企业而言，在新品类发展的不同生
命周期，品类创新的机会也不同。

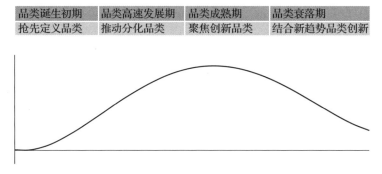

| 品类诞生初期 | 品类高速发展期 | 品类成熟期 | 品类衰落期 |
| 抢先定义品类 | 推动分化品类 | 聚焦创新品类 | 结合新趋势品类创新 |

图 4-3　不同生命周期的品类创新机会

在品类诞生初期，对于企业而言，最重要的品类创新机
会就是抢先去定义这个品类，这对一个新品类而言是最具价
值的部分。这一时期，市场上会逐渐出现一些并不成熟的产
品，它们要么基于老品类的局部改良，要么产品并不完善，
要么品类过于复杂，要么缺少清晰的品类定义，此时最重要
的机会就是率先定义品类，占据消费者认知。

当一个新品类进入高速发展期，新的消费者大量涌入，

品类必然走向分化，这时企业最重要的品类创新机会在于推动分化，开创细分新品类。

当品类进入成熟期，市场格局相对稳定，企业最大的创新机会在于通过聚焦来创新品类。

当品类进入衰落期，通常是被环境的变化或者技术革新、新的消费趋势诞生等各种因素影响，原来的品类出现了与趋势相悖的问题，由此走向衰落。此时企业的机会在于结合新的趋势进行新一轮的品类创新。

可乐品类的百年历程完整地再现了上述四个阶段。当可乐刚刚面世时，可口可乐作为品类发明者，把可乐品类定义为一种可以提神醒脑的非酒精饮料。

随着品类的发展，可乐品类产生了分化，出现了针对年轻人的可乐如百事可乐，辣味可乐如胡椒博士。

品类进入成熟期时，无糖可乐诞生，此时最大的机会在于建立一个真正的无糖可乐品类，打造一个专门的无糖可乐品牌。遗憾的是，可口可乐错过了这个机会，只不过在可口可乐品牌之下推出一款无糖可乐产品，导致常规可乐以及无糖可乐销量都下滑。

在健康趋势下，可以预料可乐这个品类会持续衰落，可乐"重生"或者可口可乐公司的品类创新机会在于创造一个全新的、符合健康趋势的"品类"，它具有可乐的特点，但大概率不应该再叫作"可乐"。

设计：新品类设计 4N 模型

当发现并确定了一个新品类机会，企业如何把握它呢？在数十年对大量案例进行研究以及实践后，我们总结出"品类创新设计 4N 模型"。如图 4-4 所示，这个模型涵盖了新品类设计中最核心的四个部分：新品类、新品牌、新定位、新配称。四个要素决定了新品类能否取得成功。

图 4-4　新品类设计 4N 模型

新品类

新品类包括对发现的新品类进行合适的定义和命名。

第一，清晰定义新品类。定义新品类的作用，一是建立标准和解释权，二是可以清晰介绍和推广。

定义新品类通常涉及以下问题：新品类是什么？属于哪个大品类？和已有品类有何不同？具有什么特点？能带来什么好处？

比如，"城市型SUV"可以这样定义：一种新型的SUV，既有越野SUV的安全性和通过性，又兼具轿车的舒适性和低油耗，适合日常代步和城际通行。

第二，为新品类命名。为新品类命名的基本原则是，尽可能利用既有认知进行新的组合。新品类命名至关重要，很多时候，失败的命名甚至会影响到整个品类的成功。消费者面对一个新品类时，最关键的问题是：它是什么？属于什么大品类？和现有的品类有何不同？一个新品类名称应该尽可能直观、简洁地回答以上的问题。所以，品类名应该通俗、容易理解、具有通用性，而不能过于有创意。

一些失败的新品类命名，正在于没有把握以上原则。比如，曾经有企业推出一个新品类叫"热泵"，虽然是针对大众的品类，但品类名非常工业化，让消费者误认为与自己毫无关系，所以这个品类的销售一直很糟糕。后来，企业换了一个新名称，叫作"空气能热水器"，消费者很容易理解。第一，大部分消费者可以基于这个名字将之归为热水器品类。第二，"空气能"让人联想到新能源，听起来比太阳能有优越性：太阳能热水器在阴天的时候经常不能使用，但是空气能热水器好像所有时间都能使用。由此可见，一个好的品类名无须企业做过多解释，消费者可以直接"望文生义"。

过于有创意的品类，会让消费者难以理解，从而增加企业教育成本。农夫山泉曾经推出过一个不含酒精的酒的新品类，叫作"农夫C打"，且不说"不含酒精的酒"是否符合大众认知，"C打"本身就是一个糟糕的品类名，消费者很难理解。再如光波空调，格兰仕命名"光波空调"的本意，是希望借助格兰仕光波炉的心智资源，结果弄巧成拙，因为"光波"给人感觉辐射很强，很不安全。

新品牌

新品类必须启用新品牌，因为认知一旦建立就很难改变。想改变的话，代价极其高昂，而且很可能无效。一个品类只能关联一个品牌，要抹掉原有认知，需要的成本和努力远超新建认知，这也是原有品类之王或者大品牌强势中的弱势。

汽车领域给我们提供了很好的例子。宝马是全球电动汽车的先驱之一，多年前就大力推广自己的电动汽车 i8 和 i3，效果如何呢？宝马电动汽车销售惨淡，更惨淡的是在认知上，在电动汽车品类的心智阶梯中，宝马甚至远低于蔚来、小鹏、理想这样的新品牌。原因在于，宝马在"燃油豪华车"品类的认知过于稳固，已经和这个品类绑定，很难再代表另一个品类。

宝马是众多大企业品类创新的缩影。我们认为，大企业在品类创新上最大的障碍就是不敢使用新品牌。它们有一种错觉，认为老品牌比新品牌有优势。正如宝马的一位高层所言：如果宝马在电动车品类启动一个新品牌，就意味着宣布了宝马品牌会有一个终点……没有人能承担这个责任。可见，老品牌成了大企业进行品类创新的负担。

未来属于新品类和新品牌，我们将有机会在汽车领域看到特斯拉、蔚来、欧拉这些新品牌崛起，也会看到一些老品牌可能在新趋势下不断衰落，最终退出历史舞台。

与品类一样，新品牌同样必须起一个好名字。有的企业在新品类上使用了新品牌，但是效果并不好，原因是名字非常糟糕，比如学而思"在线上课"品类曾经使用了一个新品牌"海边直播"，相比"猿辅导""作业帮"，"海边直播"这个名字显得极其平庸。

好的品牌名通常有以下特征：独特、简洁、容易传播，有画面感，能够寓意某些品类属性或者特点。

具体来说，独特是指不经常使用的名字。比如"红牛"，人们常说"黄牛"，极少说"红牛"。简洁是指字数越少越好，比如滴滴，只有一个字重复使用。另外，有画面感的名字令人印象深刻且易于传播。通常，动物、植物、人物都属于容易产生画面感的名字，比如，阿里"动物园"中的天猫、盒马、蚂蚁、考拉、飞猪、迅犀、平头哥等。能够寓意品类属性的名字则如格力、顺丰。

新定位

定位并非一个学术概念，而是极具战略价值的实用工具。对于一个新品类而言，初期非常重要的工作就是品类教育，用一个清晰、简单的概念让潜在消费者迅速地了解新品类的优点和好处，这就是新品类的定位。每个新品类都需要一个新定位，通过新定位推动新品类迅速成长。

如何找到新品类的最佳定位？可以遵循以下三个步骤。

第一步，确定一个合适的主竞争品类。

每个新品类要迅速推广成长，必须确定一个合适的主竞争对手。这是因为，一方面，新品类的销售和潜在消费者来自老品类，只有针对老品类才能获得新顾客；另一方面，明确的对手也可以令新品类的营销"靶子"更加明确，营销资源更容易集中，更容易产生效果。

每个新品类都会与若干老品类形成竞争关系。例如，能量饮料可能和咖啡、茶甚至可乐等有提神醒脑功能的品类形成竞争关系，企业必须确定其中一个靶子——通常选择的标准是市场容量大、替代性强的品类。当新品类针对一个对手发起进攻时，也会对其他对手形成冲击。例如，纯电动车针对传统燃油车发起进攻，客观上也打击了混合动力汽车。

第二步，找到主要竞争对手强势背后的弱势。

不要简单寻找主要竞争对手的弱势，很多表面上看起来的弱势是强大的竞争对手很容易弥补的。企业要寻找主要竞争对手强势背后的弱势，这些弱势与强势相伴，终身不可克服。例如：奔驰的强大在于其长期依赖建立的认知和口碑——内部空间宽大、舒适，适宜乘坐，与这个强势相伴的是，它在驾驶体验方面必然受到限制，而要想克服这个弱势，就需要牺牲奔驰的强势，即乘坐的舒适性，这对奔驰来讲得不偿失。

第三步，形成对立面的定位。

找到"强势中的弱势"后，确定与之相反的定位点，然后与新品类产生关联。大多数情况下，一个新品类如果定义了主要竞争对手，对立面的定位总是和新品类的第一特性相关联。

比如，可口可乐将可乐品类定位为"提神醒脑"。作为非酒精提神饮料，它理所当然地把酒精饮料当作主要竞争对手。酒精饮料强势之处在于短期让人兴奋，背后的弱势是短期兴奋后的萎靡不振，由此得到了可乐品类的定位"提神醒脑"。

同样，"零添加酱油"作为一个新品类，如何找到最佳的定位？通过追问三个问题就能得到答案。首先，主要竞争对手是谁？市场上份额最大，以海天为代表的普通酱油。其次，普通酱油的强势是什么？成本低、味道好。最后，强势背后的弱势是什么？添加味精、色素、防腐剂。所以，"零添加酱油"的最佳定位就是"绝不添加味精、色素、防腐剂"。

还有另一种方法确定新品类的定位，就是找到品类的第一特性——新品类相比老品类最重要的属性。例如，iPod 开创了"大容量音乐播放器"新品类，相比传统的 MP3，新品类的第一特性就是"大容量"。苹果将 iPod 的定位表达为一个形象的传播概念："口袋里的 1000 首歌。"

奇怪的是，新品类的第一特性，这个最重要的定位来源之一，往往因为太显而易见而被企业忽略。例如，中式快餐的第一特性是什么？我遇到的所有中式快餐的创始人都不约而同地回答"美味"。但是，美味是所有餐饮的第一特性，属于特色餐饮而非快餐。快餐的第一特性是"快速"，如果为了美味，消费者绝不会去选择快餐。

新配称

配称（fit）的本意是"适配"，指所有构成新品类的要素与新品类相适应并形成支撑。新配称的核心原则是：挑战极限，与老品类尽可能拉开差距。配称体系复杂多元，常见配称要素包括七种。

（1）新产品

新品类在产品上尽可能与老品类拉开差距，摆脱老品类的影子。

日系豪华汽车新品类事实上的开创者是讴歌，讴歌推出了全球第一款日本豪华车，但是，它在产品上最大的失误就是采用了六缸发动机。虽然相对于入门级和中级市场的四缸发动机有进步，但并不足以和它们拉开差距。雷克萨斯则在第一款产品中采用了八缸发动机，那是全球豪华品牌的标配。因此在认知中，雷克萨斯成了真正意义上的第一个日系豪华品牌。

让智能手机与功能手机完全区分开的，最显而易见的产品特征是什么？触屏设计。这是 iPhone 在产品上最成功的地方。触屏设计让智能手机看起来就是一个新品类，而不是功能手机的进化版本。事实上，黑莓手机原本在智能化应用上领先一步，并在初期取得了一定成功，但糟糕的是，黑莓在产品上采用了中间地带的做法：一部使用键盘的智能手机。在使用触屏的新品类面前，黑莓更像一个落后的老品类。

（2）新视觉

新品类应该看起来就是新的，在视觉锤、包装、外观等方面与老品类拉开差距，避免让消费者觉得它像原来的某个品类。

全球首款混合动力车型并非丰田普锐斯，而是本田思域。但本田思域混合动力从外观上看与本田思域燃油车并无二致，而丰田普锐斯则看起来与其他品牌车型不同。这种视觉差异使两款车型拥有截然不同的市场表现。丰田普锐斯推出的头 10 年，销量已达到本田思域混合动力车的 4 倍有余。

特斯拉同样如此，它设计了独有的"鹰翼门"，特斯拉的皮卡外观也充满未来科技感，跟传统燃油汽车拉开了差距。这种独特的外观设计不仅让潜在消费者非常容易识别新品类，也让购买者和使用者更容易获得心理认同。

对于依赖货架陈列的包装产品，新视觉更加重要。中国市场上过百亿的饮料品牌：红牛、王老吉、脉动、可口可乐、六个核桃。它们分别是五个品类的开创者，同时是这个品类独特视觉的开创者。中国市场三个过百亿的瓶装水品牌：农夫山泉、怡宝、百岁山，也分别开创了自己独特的新视觉。

（3）新渠道

新品类应当把渠道的变革和创新当作构建新品类的核心策略之一，有两个重要原因。第一，渠道本身面临着不断的进化和更替。渠道演进的驱动力是渠道成本的持续降低。一种新渠道诞生时，成本通常较低，渠道发展成熟，成本也随之升高。这样就催生了成本更低的渠道。第二，对于开创新品类的中小创企业而言，如果聚焦成本更低的新渠道，成功的概率更高。

小米成功推出高性价比手机，其核心配称就在于聚焦互联网渠道。与当时市场上所有主流的手机厂商如苹果、三星、华为、OPPO、联想等相比，小米的最大劣势是缺乏手机的销售渠道资源，如果选择传统手机销售渠道，留给它的是最不利的渠道和经销商。但小米没有线下渠道的包袱，可以发力线上渠道。这恰恰是主流手机厂商最薄弱的部分，因为为了避免线上对线下渠道造成冲击，当时的主流厂商一起控制线上渠道发展，这给小米提供了最佳的战略机会。

（4）新团队

成功创建新品类，有时需要组建新团队，因为老团队可能无法运营新品类。

创新本质是一种重组，把不同人组合在一起，可以拓宽视野，创造各种可能。开创真正颠覆性的新品类，本身就是从来没人有做过的事，没有参照，就需要组合不同的人在各方面进行探索。

比如，以互联网为核心的新品类，应该由具有丰富互联网运营经验的团队来运营。同理，以线下渠道为核心的新品类，必须由经验丰富的线下团队运营。否则，成功的可能性将大大降低。

关于新品类团队的组建，有一种思路叫作降维打击：从高阶行业（竞争更充分，观念更领先，方法更成熟）引入团队，参与更低阶行业的竞争。例如，引入汽车行业的观念和团队参与手机行业的竞争，引入手机领域的团队参与家电行业的竞争，引入家电行业的团队参与家居行业的竞争，等等。

另外一种思路是在人才集中的地方组建新团队。比如，大量以互联网为核心的新经济品牌都通过在中国的电商之都杭州组建新团队，实现了创业成功。对于传统企业进行互联网模式的创新，这种做法尤为重要。

（5）新供应链

在实践中我们发现，供应链也会成为影响新品类创建的重要因素。

擅长运营高端家电的企业推出强调性价比的新品类，就需要企业建立新的以性价比为核心的供应链。否则企业会发现，立足于原有以高端品牌为核心的供应链体系，根本无法支撑高性价比的新品类。同样，以大众产品运营为基础的企业要推出高端产品，也会面临重新建立供应链的挑战，否则就很难在产品上支撑高端新品类的创建。

要打破组织的既有供应链和"协同效应"的思维惯性是艰难的，企业通常会从最大限度利用已有资源的视角出发，而不是从把握新品类机会的角度来思考和决策，最终导致新品类创建失败。

（6）新资本模式

对于一些符合趋势、前景广阔的新品类，企业需要为新品类构建新的资本模式，用估值的方式通过资本市场获得更多融资。对于有一定资金实力的大企业来说，老的投资模式恰恰成了限制新品类成长的瓶颈。

如果一家上市公司发现了一个新品类机会，未来潜力巨大，同时需要持续投入大笔资金，那么大多数上市公司可能会陷入两难境地，因为连续的亏损会影响企业的利润和股价，从而带来各种压力。如果不投入，则会白白错过新品类机会。更好的做法是成立一家新公司，通过融资让新品类独立发展。

中国新能源汽车品类中，中高端市场目前由蔚来、小鹏、理想三个品牌占据领先地位，融资模式是三个品牌的重要优势之一，新融资模式确保它们在持续亏损的情况下获得足够多的资金。比如，蔚来成立以来亏损近300亿元，几乎没有一个国内车企业可以承担如此巨大的亏损。

（7）新组织

新组织是新品类配称体系的最后一环。新组织的最初形态可能是一个专门、独立的小团队，然后可能会发展到一个部门，最后是整个公司。新组织确保了其他配称环节得以实现和有效的执行。

在最基本的层面，当新品类拥有一个专门的组织在运营，新的团队、新的融资模式才有可能实现。如果缺乏相匹配的组织，这些核心的配称环节都无法保障。

更进一步，当企业开创新品类的时候，企业倾向于利用现有的一切资源，这从运营效益的角度是合理的，但从构建新品类的角度，往往会令新品类走入一个误区。例如一个长期聚焦于低端或者大众市场的企业推出高端品牌，企业原有的资源如工艺、技术、人才、渠道等都与新品类不匹配，如果新品类缺乏独立的组织，就会导致企业无法根据新品类的需要去匹配资源，而尽可能利用已有资源，最终无法真正确保新品类成功。

新的组织还有另一个优势，就是更有利于企业根据新品类发展的需要来设定独立的目标、考核计划和激励机制等。

最后，新组织还可以避免企业陷入老品类经营的惯性思维，从组织上确保企业实现真正的创新和突破。

4N 实践中的几个误区

"4N"构成了新品类设计的充要条件，其中，新品类、新品牌和新配称是必要条件，新定位则是充分条件。在实践中，很多企业即便发现了一个重大的新品类机会，也未必能把握住，或者成长缓慢，主要原因是"4N"设计中存在重大缺陷。

（1）"新品类"定义不当的后果

没有定义出一个合适的新品类，将很难获得成功。丰田的 RAV4 开创了"城市型 SUV"新品类，但 RAV4 最早被定义为"新概念轿车"，在推广中，丰田发现消费者并不接受这个新品类，因为预期购买轿车的消费者并不喜欢它的造型和通过性强等特点，所以把它归为轿车品类是一个错误的决策。后来，丰田做了及时的调整，把它重新定义为"城市型SUV"，这个品类对那些希望拥有 SUV，但不会整天在山地里行驶，而是在城市里行驶或者城际通行的消费者极具吸引力，有望成为全球乘用车第一大品类。

苹果推出的 PDA 也属品类定义失败的例子，PDA 是几个单词的字母缩写，对于普通消费者来讲，根本无法从这三个字母知道它是什么东西，企业必须要花大力气去向消费者解释 PDA 是什么。这个品类名既没有定义出一个全新的品类，也没有体现出自身和现有品类的关联。相比之下，"智能手机"则向潜在消费者表明了这个新品类的品类范畴是手机，同时它表达了其差异点"智能"，即使非专业的消费者也非常容易理解它的特点。这样的效果是，当一个潜在消费者需要购买一部手机的时候，与"功能手机"不一样的"智能手机"很自然地会列入他考虑的清单，而"PDA"则不会。

"舒化奶"也是一个糟糕的品类定义。"舒化奶"实际上是一种消除了乳糖的牛奶，但无论是伊利的"舒化奶"还是蒙牛的"新养道"，不仅没有凸显"零乳糖牛奶"的特点，反而将消费者引到了一些完全不同的方向，如"营养细化好吸收"，而消费者并不认为普通牛奶的营养不易吸收。由于基因的原因，中国大约70%的人乳糖不耐受，大量消费者因为乳糖不耐受问题放弃了牛奶，"零乳糖"牛奶原本有巨大的潜力。但是，糟糕的定义让这个品类增长缓慢。事实上，在欧美市场，"零乳糖"牛奶也是一个增长迅速的品类。市场存在抢先定义"零乳糖牛奶"新品类的巨大机会。

（2）未使用新品牌的后果

未能使用新品牌，将错失新品类机会。这是大企业最常见的严重错误。

个人电脑是20世纪最重要的新品类之一。1981年，IBM率先推出了第一台16位办公用个人电脑。但IBM是一家主机制造商，而个人电脑又是一个全新的品类。不单单是IBM，许多其他的高科技公司也都试着以其现有品牌进军个人电脑市场，比如 AT&T、Dictaphone、数字设备、ITT、NCR、NEC、西门子、索尼、施乐等。几年后，IBM 失去了行业领导地位，取而代之的是康柏和戴尔两个新品牌。现如今，美国两大领先的个人电脑品牌分别是戴尔和惠普，后者在 2002 年收购了初创公司康柏，继而康柏更名为惠普。

智能手机同样如此，从 1998 ～ 2011 年，诺基亚连续 14 年都是全球最畅销的手机品牌。2007 年，苹果公司推出了第一款智能手机 iPhone。诺基亚是如何应对的？它也迅速推出了一款智能手机。诺基亚的想法是对的，它本可以凭借自己的实力抢先占据这个新品类，从而封杀 iPhone，但糟糕的是，它并未产生一个新战略，也没有使用新品牌，还是叫诺基亚。结果如何？2007 年，iPhone 刚刚推出的那一年，诺基亚的收入为 511 亿欧元（约 751 亿美元），归母净利润为 72 亿欧元（约 106 亿美元），利润率为 14%。5 年后，诺基亚的收入下降到 302 亿欧元（约 398 亿美元），同时有 23 亿欧元（约 30 亿美元）的运营亏损。

来看看线上零售新品类的赢家。2000 年，沃尔玛的收入约 1650 亿美元，净利润约 54 亿美元，净利润率为 3.3%。而同年，亚马逊的收入约 28 亿美元，还伴随着约 14 亿美元的亏损。沃尔玛显然看到了线上超市这个新品类的巨大机会，也正是在这一年，沃尔玛决定上线一个网站：Walmart.com。

对比一下当时双方的实力，沃尔玛在全美拥有各类门店3000多家门店和100多个物流中心，在亚马逊规模尚小，甚至还承担着数十亿美元亏损时，沃尔玛的规模已是亚马逊的几十倍。在与亚马逊的竞争中，沃尔玛占尽先机，却唯独缺少一个关键决策——使用一个独一无二的新品牌。

对于沃尔玛来说，互联网是一个新品类，而新品类需要新品牌。这个错误对沃尔玛造成巨大的负面影响。从2000年到2010年，沃尔玛的年增长率为9.39%，而亚马逊为28.43%，是沃尔玛的3倍还多。从2010年到2020年这10年，沃尔玛的年增长率仅为2.6%，而亚马逊则为27.4%。到2016年，沃尔玛才意识到自己的错误，斥资33亿美元收购了一个专门的在线零售平台Jet.com，却为时已晚。

再以数码相机新品类为例。柯达曾称霸摄影胶片品类100多年，率先发明了最终取代摄影胶片的数码相机。面对数码相机新品类的崛起，柯达需要的是新品牌。但遗憾的是，柯达并未这样做，2012年，柯达宣告破产。

同样的事正在电动汽车品类中发生。面对电动汽车这个汽车史上最重要的新品类，传统汽车巨头几乎完全复制了20世纪科技巨头应对个人电脑品类的做法，全部采用原有品牌。

而历史也一再重复：今天，全球电动车市场，遥遥领先的是品类开创者以及新品牌特斯拉。

以美国市场为例，宝马、奥迪、丰田、本田、大众等9个传统汽车品牌都推出了电动车产品，但都用原来的品牌。这9个品牌在美国拥有9984个经销门店，而特斯拉只有160家门店，前者经销门店数是特斯拉的62倍，具有压倒性优势。但在2021年，9个品牌电动车的全美总销量为151 064台，而特斯拉一个品牌销量为313 400台，特斯拉占据全美电动车市场67%的份额。在中国，尤其是中高端电动车市场，新品牌完全占据了主导地位。

商业史早已证明：新品类属于新品牌。因此，想把握新品类的崛起机会，最佳做法是启动一个新品牌。

（3）缺少新定位的后果

如果没有为新品类找到新定位，将导致新品类成长缓慢。这在食品饮料行业尤其普遍。

在可口可乐诞生之后的漫长时间里，品类成长极其缓慢，因为消费者找不到购买可乐这个品类的理由，直到可口可乐找到"提神醒脑"的定位之后，可口可乐才驶入成长快车道。

在被定义为一种能量饮料并强调"提神解困"之前，红牛一直作为一种泰国茶在销售，这种缺乏鲜明品类定位的区域性产品一直不温不火。"提神解困"的定位一经提出，极大地驱动了能量饮料品类的全球成长。

中国的凉茶也如此。在王老吉找到"防上火"这个定位之前，一直作为华南区域的药饮存在，既有养生功能，也有缓解喉咙肿痛、流鼻涕等症状的作用。找到"防上火"的定位之后，凉茶才走出区域，成为全国性饮料品类。

核桃乳品类在找到"补脑"定位前，无论其他核桃乳品牌还是"六个核桃"，成长性都极为有限，因为消费者并不需要另外一种饮料。"补脑"的新定位为核桃乳品类创造了价值，为消费者提供了清晰的购买理由，有力地推动该品类从宽泛的植物蛋白饮料中脱颖而出。

作为中国历史最为悠久的酒类，黄酒曾经长期占据主流地位，但在最近半个多世纪，白酒品类崛起，黄酒品类地位迅速衰落，同时，品类市场也大幅萎缩，主要在上海、浙江一带。黄酒的衰落与萎靡，除了品类认知受到"料酒"的干扰外，更重要的是缺乏清晰有利的品类定位。因此，黄酒想重整旗鼓，需要新定位。

杏仁露也需要新定位。自"露露"品牌开创杏仁露品类，经过数十年发展，该品类仍然主要集中在河北等区域市场，且销售呈现萎缩之势。在坚果和植物蛋白饮料兴起之际，杏仁露一方面需要品类创新升级，另一方面需要结合趋势重新定位，才能激活品类潜力。

再如植物酸奶。近年来，农夫山泉等企业相继推出植物酸奶品类，但市场反响平平。一方面，作为一个新品类，植物酸奶在产品口味等方面需要进一步完善；另一方面，植物酸奶本身需要更清晰的品类定位。这样才能有力推动品类教育，打开品类成长空间。

更典型的例子是崂山白花蛇草水，这个"新品类"经过60年发展，在全球20多个国家和地区销售，深受东南亚国家的一些政要喜爱，但年销售收入长期不足1亿元。这个品类首先存在定义不清的严重问题，消费者不知道它归属哪个品类。它宣传自己消炎、解暑、弱碱性、调理肠胃……甚至将自己定位为"世界上最难喝的饮料"，混乱的定位让消费者无法找到持续消费这个品类的理由。

（4）缺少新配称的后果

如果没有围绕品类定义建立关键新配称，新品类将因无法得到有力支撑而失败。对于新成立的企业而言，建立新配称相对容易，因为一切从头开始。但对于老企业，尤其大企业而言，挑战在于如何打破企业的组织惯性，为新品类设计新配称。以下几种是最常见的情况：

用老团队运营新品类。这会导致新品类与老品类越来越趋同。当新品类与老品类处于完全不同的市场，就需要新团队去运营。比如处于中级车市场的丰田推出豪华车品牌雷克萨斯，其团队就没有沿用丰田团队，而是重新组建。它自称"雷克萨斯最大的敌人是丰田"，于是在产品、服务、销售网络等各个层面与丰田区分开。

用老渠道来销售新品类。国内某领先的方便面企业，其核心市场和渠道主要集中在四五线城市及乡镇市场。当它推出一个创新的高端方便面新品类时，就面临选择：根据新品类的需要成立新团队进入一二线市场以及潜在消费者更集中的便利店渠道，虽然起步时比较困难，但是配称合适；或者在自己优势的市场和渠道中挑选一些相对好的渠道销售，起步时相对容易。该企业选择了后者，结果新品类因为市场和渠道的错配而遭遇失败。

没有为新品类建立起新的供应链。当国内某领先高端床上用品企业推出基于互联网的主打性价比的新品牌的时候，原有的供应链体系无法降低成本，支撑不了"极致性价比"的定位。企业最终建立了新的供应链，新品牌才展现出良好的发展趋势。

当企业现有的价值网络与新品类不匹配的时候，要真正把握新品类机会，最好的做法是成立独立的组织、团队，根据新品类的需要构建全新的配称体系。

检验：新品类五问

根据"4N"模型设计出新品类的核心战略及配称之后，需要对新品类的关键问题进行最终检验，再次确认品类真伪及价值，然后才能推出市场。检验新品类，需要回答五个问题。

是否真需求

这个问题用来确定消费者对新品类的需求是不是真实存在。比如，新品类的诉求是不是切中了消费者的某些痛点？是不是解决了已有品类的某些问题？新品类是不是提供了更好的解决方案？这些问题决定了消费者对新品类是否有持续、稳定的需求。

是否为真品类

这个问题用来确认新品类是否出自心智和认知。以下是一些来自企业的新品类概念：白色家电、厨电、男装、100%果汁、零卡饮料。如何鉴别这些品类是否为真品类？核心的检验方法是：通过企业对品类的教育和传播之后，消费者是否会形成这样的思考模式，消费者的行为是否受到影响。

当然，我们可以预判，无论企业如何教育和推广，"白色家电"不会影响消费者的思考方式。消费者不会说"我要买一台白色家电"，所以白色家电是一个伪品类。但是，"100%果汁"就有可能影响消费者的思考方式，所以它是真品类。同理，"厨电""零卡饮料"也都属于伪品类。但"男装"或"男裤"这样的品类就不容易识别。在服装品类高度分化的时代，很少有消费者会说自己要买一套男装或者一条男裤。

是否顺应趋势

没有品类可以对抗趋势，新品类更应该主动借势而行。如果新品类与行业长期趋势相悖，那么基本可以判定，这个新品类没有未来，不值得企业去开创。如果新品类没有借到趋势，说明新品类推广难度很高，企业需要做好投入更多资源和时间的心理准备。

心智是否有空缺

在消费者的心智里，新品类是否处于"开放"状态，有没有品牌占据，这是一个决定性的因素。这不取决于市场上是否存在新品类或者类似的产品，而是取决于心智是否存在空缺。很多新品类没有成功，是因为顾客心智中的品类已经有品牌占据。

"三只松鼠"曾经推出一个宠物食品品牌"养了个毛孩"，希望基于互联网打造一个"高性价比宠物食品"的品类。作为宠物食品，"养了个毛孩"是一个很好的名字，企业又有精通互联网运营的团队，但这个新品类很快以失败告终，因为互联网"高性价比宠物食品"品类已经被另一个品牌麦富迪占据。

确认新品类是否存在心智空缺，可以通过简单的消费者认知获得，如果大多数消费者能够说出一个公认品牌，就说明心智已被占据。

未来潜力有多大

新品类的价值不取决于现在，而取决于未来。如何评估未来潜力呢？通常取决于两个因素。一个是竞争对手，新品类和哪个品类竞争，对手有多大市场。作为对手的老品类的市场容量是新品类的参照因素之一。另一个是新品类对老品类的替代性，新品类的优势越大、替代性越强，意味着新品类的市场潜力越接近老品类的规模。

元气森林预期气泡水会成为未来的可乐。零糖、零脂、零卡的气泡水能否成为可乐品类的替代品？我认为不太可能，因为可乐是一种重口味的饮料，气泡水是一种轻口味的饮料，气泡水很难大规模替代其他饮料。另外，可口可乐是一种复合口味饮料，它的重要特征是让人上瘾，但是气泡水是口味非常单一的饮料，且不具备上瘾的特征。

推出：新品类如何起步

新品类推向市场的首要目标是：迅速找到最佳立足之地，实现从 0 到 1 的起步。

两种模式：飞机滑翔式启动 VS 火箭式启动

当新品类推出市场的时候，面临两个选择：一种我们叫飞机滑翔式启动，一种叫作火箭式启动。飞机滑翔式启动就是缓慢地滑行，积累势能，然后有一个快速升空的过程。火箭式启动就是原地起步升空，迅速引爆。对于大部分品类创新，飞机滑翔式是更好的启动方式。

首先，完善新品类需要时间。很多时候，新品类会涉及产品功能的重新组合，如果你的产品有重要的潜在缺陷，又过早地宣传推广，一旦问题暴露出来，新品类就丧失了试错的机会，风险极高。我们经历过的食品、汽车行业的品类创新，在推向市场前后都出现过质量问题。采取飞机滑翔式启动可以为完善新品类争取时间。

其次，新品类建立可信度需要时间。很多新品类本身也是新概念。新概念得到消费者注意、认同和接受需要较长的时间。

人类重要的心智模式之一是"心智缺乏安全感"，当一个新品类推出市场的时候，通常大部分潜在消费者持怀疑和观望态度，存在各种各样的顾虑，这是对"不安全感"的下意识反应。只有少部分尝鲜者会去尝试，大部分人只是对新品类保持观望，看它是否会有负面或不良反馈。通过早期使用者的反馈以及一定时间的观察，大多数消费者才会打消顾虑，逐渐建立起对新品类的信任。

最后，新品类积累正面口碑也需要时间。商业领域所有传播途径中，口碑是最有效的、最有价值的一种，但是，口碑的建立和形成需要时间。

如果新品类用火箭式启动，通过短期大量的资源投入去强行推动品类普及，会带来另外一个风险：很多不适合这个品类的消费者一拥而入，但很多并不是新品类的目标消费者，容易为产品带来负面评价。

尽管互联网加快了信息传播的速度，但无法加快建立认知的速度。通过互联网很容易建立一个全国品牌，但并不容易建立一个认知稳固的全国性品牌。企业很容易建立一个"网红"品牌，但很难建立"长红"品牌。这是因为不仅建立认知困难，改变认知更加困难。

聚焦四个原点：原点市场、原点渠道、原点人群、原点场景

飞机滑翔式启动新品类，需要避免起步太"大"，而应该保持聚焦，从"小"起步，聚焦四个原点：原点市场、原点渠道、原点人群、原点场景。

第一，聚焦原点市场。就是聚焦容易立足且便于未来发展的市场。从实践看，很多时候并非新品类有问题，而是原点市场选择有问题，导致了新品类推出市场初期反馈不佳。

众所周知，史玉柱重新起步依靠的产品叫脑白金。脑白金最初在郑州等多个市场销售并不成功，后来到了无锡市场才大获成功，奠定了进军全国市场的基础。无锡成为脑白金成功的原点市场并非偶然，当地经济发达、购买力强，同时当地人保健意识超前，对保健品的接受度高。

另一个新品类也遇到类似情况。一家四川企业开创了预包装"香辣金针菇"新品类，最初的原点市场是传统喜欢辣口味的市场，例如湖南、重庆等，但市场反响平平；后来无意中把产品销往东北市场，没想到极受欢迎。企业顺势聚焦东北市场，建立起新品类的根据地。

第二，聚焦原点渠道。通常的看法是，当一个新品类进入渠道越多，销售网络越广，能见度越高时，销量就会越大，所以很多新品类一下子铺开所有渠道，最后效果并不理想。大部分新品类由中小企业开创，没有实力进行全渠道渗透。如果聚焦原点渠道，既有利于企业的资源集中使用，也可以获得更多的陈列展示、试用推广的机会，提高新品类成功的概率。

选择什么样的原点渠道呢？通常是趋势性的渠道，即成长性较好、符合未来趋势的渠道。比如，线下渠道里的便利店。相比线上，便利店在地理位置上更靠近消费者。线上渠道的选择更多，如小红书、抖音等内容平台，或者天猫、京东这样的电商平台。

像"每日坚果"品类起步初期选择水果店、烘焙店作为原点渠道，是因为这些渠道非常符合每日坚果作为早餐消费场景的特点。

第三，**聚焦原点人群**。原点人群就是找到对新品类有刚需的高势能群体。任何一个品类都面临一个问题：潜在消费者由多个不同的消费群构成，以谁作为首要群体呢？

在体育用品中，体育明星就是高势能的原点人群。阿迪达斯作为足球鞋的品类代表，覆盖了全世界几乎所有技术派足球明星，这些明星穿着阿迪达斯的足球鞋参加全世界各种重要比赛，通过电视直播影响更广泛的潜在消费者——足球爱好者。

全球最大的社交网络平台 Facebook 始于哈佛大学校园，而它的两个竞争对手 Friendster 和 MySpace 在起步时则面向所有人开放。在 Facebook 推出后不久，很多哈佛大学的学生都注册使用了该网站。然后，Facebook 进入了常春藤联盟，这是美国最著名的 8 所院校的联盟。后来，Facebook 才向所有大学毕业生开放了自己的网站，无论他们毕业于哪所学校，都可以申请注册账号。2006 年，Facebook 向所有人开放。与此同时，Friendster 和 MySpace 却开始走下坡路。

聚焦原点人群还有更多的战略意义。比如，进行产品的测试和完善，这是从 0 到 1 最关键的一步。而且，对新品类很有兴趣的原点人群，可以作为第一批 KOL（Key Opinion Leader，关键意见领袖），影响其他人群。

第四，聚焦原点场景。 每个成熟品类会有多个消费场景，但新品类推出初期应该聚焦设计一个原点场景。通过原点场景推广品类，固化消费场景，唤起潜在消费者对新品类的消费需求。

王老吉向全国推广"凉茶"这种防上火的饮料时，初期聚焦了"吃火锅"的重度需求场景，加速了新品类的普及。

虎邦辣酱则聚焦外卖场景，并为该场景设计了小包装，培育了忠实的消费者群体，使之从众多辣酱品牌中脱颖而出。

红牛在国内推广能量饮料新品类时，早期重点聚焦出租车司机夜班场景推广，在需要预防疲劳驾驶场景中快速扩张。

斯巴鲁开创四驱车新品类之后，聚焦雪地场景进行传播推广，突出四驱车雪地行驶不打滑的优势，以及由此带来的湿滑路面行驶的优越性，激发了人们对四驱车的需求。

两个工具：公关点火，广告浇油

新品类推出市场之后，如何进一步推广和传播新品类？形象的说法是"公关点火，广告浇油"。

什么是公关？公关就是第三方主体中立、客观地发声，包括媒体、第三方组织、中立消费者等。

新品类公关有四个要点。一是先品类，后品牌，即先传播品类，然后才是品牌。做好品类推广后，作为品类开创者，品牌自然是最大的受益者。

新品类在初期，往往市场较小，如果集中推广品类，就会带来一个好处：大大增加可信度，让品类推广和传播的效率大大提高。

比如，特斯拉成立初期一直大力推广电动车的环保价值而非特斯拉品牌，创始人马斯克甚至宣称"特斯拉可以破产，但是电动车一定要成功"，这让媒体和消费者确信电动车是比传统燃油车更好的品类。如果有消费者对电动车有兴趣，首选自然就是特斯拉。

在中国的瓶装水大战中，农夫山泉最经典的做法是，让第三方媒体和权威机构专家强调天然水比纯净水好，这些宣传都不会带有品牌和企业的信息，但是提升了天然水的可信度。只要消费者想喝天然水，首先就会想到农夫山泉。

二是从小媒体到大媒体。媒体报道的规律通常是这样：上一级的大媒体关注下一级的媒体所报道的有价值的新闻。当大媒体报道了新品类之后，小媒体就不会再有进一步的报道了。很多企业往往陷入一种误区，希望最先找那些最大、最权威的媒体来报道新品类。这里存在两个问题：第一，去找大媒体，难度非常大，要价也高；第二，失去了中小型媒体酝酿、报道新品类的机会，反而无法达到好的宣传效果。因此，由小至大是更好的选择。

三是新品类创始人作为代言人。无论新品类有多么创新，媒体的报道价值不会持续到几年，也许就几个月。但品类要持续成长，必须获得持续曝光，最佳做法是创始人作为新品类及品牌的代言人。因为创始人可以不断地发声、讲故事，制造话题和争议，这样新品类和新品牌就获得了持续曝光的机会。

"褚橙"就是一个很好的例子。从产品的角度看，确实做了一些创新，但这并非"褚橙"成功的最主要原因，而是褚时健本人的传奇经历带来的公关效应，让这个橙子产生了巨大的影响力。

四是公关广告化。就是通过广告媒介扩散公关信息，传递给更多的人。具有可信度的新品类和新品牌信息可以铺天盖地地传递给消费者。公关的优点是可信度高，但缺点是可控性差。广告正好相反，可控性高但可信度低。公关广告化可以结合两者优势，提升传播效率。

典型的例子就是农夫山泉的广告"找水篇"，大部分看到这个广告片的观看者都没有意识到那是一支广告片，因为它看起来就像《中国国家地理》杂志社拍摄的一支专题片，可信度很高。

在公关建立起新品类早期的关注度、可信度之后，在合适的时间投入广告，推动新品类普及，让品牌迅速成长。这叫作"广告浇油"。

广告浇油的最佳时机是在拐点。一个新品类从起步到拐点，通常需要 4～6 年，一旦拐点出现就意味着新产品开始进入大众市场，这个时候，企业用广告推动这一过程，投入产出比是最大的。相反，如果在新品类推出初期，企业过早投入大规模广告宣传，就会带来两个负面结果：一是前期投入和产出不成正比，影响企业对新品类发展潜力的判断；二是引起强大竞争对手的关注。

有一个新饮料品牌，推出 5 年营收才突破 1000 万美元，推出 9 年后才突破 1 亿美元，这个品牌就是红牛。但到了 2021 年，红牛在全球已经达到 78.16 亿欧元的销售，⊖在中国市场就有 200 多亿元的销售。

新品类如果是慢慢起步，就可以扎根心智，建立真正的认知。有足够长的时间扎根心智，也不会引起强大对手的关

⊖ 资料来源：https://www.redbull.com/gb-en/energydrink/company-profile

注，避免了不必要的竞争。

当红牛开创能量饮料新品类之后，虽然成长缓慢，但已经引起了可口可乐的关注。鉴于其成长缓慢，可口可乐并没有行动，在 2012 年之后才做出反应，连续推出了三个能量饮料品牌，但为时已晚。

回顾历史，大多数新品类在推出市场初期并不会一夜爆红，而是会经历一段时间的酝酿和缓慢增长的滑翔阶段。越是潜力巨大的新品类，滑翔的时间越长，当新品类的销售曲线由初期较为平缓的增长出现了明显的拐点，预示着从早期的原点人群开始走向大众市场的时机到了，这时企业应该投入充足的资源，推动新品类腾飞。

互联网：新品类最佳孵化器

通过互联网平台孵化新品类，已经成为企业首选。

首先，互联网改变了传统意义上对市场的理解，互联网起步就是全国市场甚至全球市场。

其次，互联网本身就是最大、最多元的渠道，有大量的垂直渠道、精准渠道用来测试新品类。

再次，互联网是真正的"主流"媒体，信息传播极为迅速。

最后，互联网已经形成了商业闭环，信息发布、商品交易、线下物流、用户运营所构成的系统，足以支撑新品类的孵化和成长。

今天，我们看到，越来越多的新品类通过聚焦线上平台，成功起步后迅速进入线下，比如大量的"新经济品牌"就是这样诞生的。

成果：成为品类之王

品类创新得成功最重要的标志，就是在消费者心智中代表一个品类，成为品类之王。

确保心智绝对领先

长期来看，心智决定市场，心智一旦领先，市场会随之而动。如果失掉心智地位，市场地位就会被撼动。只有心智份额才是稳定而牢固的资产，只有心智中的领导者才是真正的品类之王。

如今，互联网诞生了很多"网红"品牌，但"网红"不等于"长红"。最典型的例子是大量的"淘品牌",它们依托早期较为低廉的流量成本迅速成长,实现十几亿元的营收。很多品牌在销售额上已经实现了市场领先,但在心智地位方面十分薄弱,有的甚至没有在潜在消费者的心智阶梯里出现。随着流量成本的提高,这些淘品牌销量不断下滑,有的甚至已经退出了市场。

大量企业只关注销售额和市场份额,导致市场份额高于心智份额。这是一个危险的信号,因为缺乏心智份额支撑的市场份额非常脆弱。今天大量的"抖品牌"也面临这个问题。"网红"品牌如何变为"长红"品牌,最核心的步骤就是提高心智地位。

互联网上的主动搜索是一个重要的心智指标。消费者对某一新品类的主动搜索量,可以作为该品类心智接受度和成长性的参考。

(1)**升级定位**。按照一般的竞争规律,新品类越成功,就会有越多的企业和品牌看到新品类的机会,模仿者蜂拥而来,随着时间的推移,产品之间的差异会逐渐缩小,最终在一个品类里挤满了产品层面差异很小的竞争者。比如,像智能手机品类诞生的初期,iPhone在产品性能上遥遥领先,随着时间的推移,三星、华为、OPPO、vivo、小米等迅速跟进，在性能上与 iPhone 的差异逐渐变小。

此时，品类的开创者和领导者所面临的核心问题是竞争问题，战略焦点由品类开创初期的"做蛋糕"转向"切蛋糕"，将定位升级作为核心，以此巩固自己的品类地位。

与模仿跟进者不同，品类创新者起步就是领导者，天然拥有品类开创、发明、领导者等高势能的信任状。在这些资源中，"抢先定位"仍然是首选。对于大部分品类来说，"市场销量第一"具有可信度；对于奢侈品品类，"领导者"更多表现为稀缺性和热销；对于某些技术性品类，"技术领先"对心智的影响力优于"销量第一"。

（2）**投入战略性资源**。大部分品类创新者在初期，市场份额都高于心智份额。当新品类经历拐点，进入起飞巡航阶段时，企业必须进行战略性的资源投入，确保自己在大量涌入的消费者心智中成为品类代表。这样做，一方面夯实了自己在品类中的心智地位，另一方面给新进入的对手设立了更高的竞争壁垒。

（3）**品类之王的心智份额**。在消费者心智中成为某一品类代表的标准是什么？心智份额的绝对垄断。根据我们对多个品类之王心智份额和市场份额的研究发现，那些公认的品类之王，像茅台、王老吉、可口可乐等，心智份额高达 90%。

计算一个品牌的心智份额最简单的统计方法，就是潜在消费者基于某一品类中想到品牌的第一提及率。从多个品类的比较看，90% 是一个理想的心智份额比例。这个数值在大多数品类中代表了品牌具有非常稳固的心智地位。在快消品领域中，在不存在渠道缺陷的情况下，与之相对应的市场份额也通常在 40% 以上。

及时进化

（1）主动进化：品类开创者要引领品类发展

品类开创者不能故步自封，必须持续前行，主动引领品类升级迭代。盛行于互联网领域的"小步快跑，快速迭代"同样适用于新品类。企业根据消费者尤其是原点消费者的反馈，对新品类如功能、特性、包装、造型的各个方面进行迭代升级，以引领者的勇气，持续带领新品类走向成熟、完善。

（2）及时封杀：领导者要同质化，非领导者要差异化

当新品类进入高速成长阶段，会引发竞争对手的跟进模仿，这时候，非领导者只有一次机会——必须要率先发起创新或者进化，而领导者有两次机会，要么率先发起进化，要

么进行差异化的品类创新，将竞争对手及时封杀。也就是说，领导者要同质化，非领导者要差异化。领导者要同质化，就是用复制对手做法的方式去封杀对手，令对手的差异化和创新努力变得同质化，失去差异化价值。

当三星推出了大屏智能手机新品类时，苹果犯了一个错误，就是没有及时封杀这个新品类。三星推出大屏智能手机5年之后，苹果才推出"plus"版本，这个时候三星依托新品类已经站稳脚跟。很多品类领导者用了错误的应对方式，面对对手的差异化采用了进一步差异化的策略，不仅起不到封杀竞争的效果，还伤及自身的领导地位。

壮大品类

当品类开创者在心智中占据稳固的品类领先认知，品牌和品类就实现了绑定，品牌的前景就取决于品类的前景。一个有真实需求、符合消费者心智模式的新品类，通常有好的前景，品类的成长会自然推动品牌的成长。同时，品牌的努力也会推动品类的成长。品类开创者应当主动壮大品类，一方面，推广品类和教育消费者，使之更大；另一方面，维护品类价值，使之更久。

（1）推广和品类教育

任何新品类都需要不断教育，让更多的潜在消费者使用。而品类教育的责任自然而然落在品类开创者和领先者身上。

宝洁公司曾经斥巨资赞助播出公益广告"今天你洗头了没有"，教育消费者每天洗头有益健康，推动洗发水品类的增长，宝洁作为占据中国洗发水市场50%份额的巨头，自然受益最大。

美国"罐头汤"品类开创者金宝汤的广告告诉大众"汤是一种很好的食品"，目的也是品类教育。新冠肺炎疫情暴发后，防疫专家建议大众多饮用牛奶，增强免疫力，直接推动纯牛奶和鲜牛奶品类的高速增长。

坚果品类在美国的高速增长来自美国权威机构对"坚果有益心脏健康"的推广，同时，FDA（美国食品药品监督管理局）允许坚果企业在包装上标注"食用坚果有益心脏"。随着此观念越来越深入人心，美国坚果的销售量直线上升。

（2）维护品类价值

品类的开创者和领导者还要承担品类价值维护的责任，避免品类沦为低端、过时的边缘品类。

王老吉和加多宝的凉茶大战所造成的严重后果之一，就是对凉茶品类的损害。企业为了追求短期的销售和市场份额，进行了大量的促销，导致凉茶的零售价格大幅下降。竞争过快地透支了品类成长的潜力，使之逐步沦为低端品类，进入低增长甚至不增长的阶段。

除非价格影响到品类的普及，否则品类领导者不应该主动发起价格战、促销战等短期有利但长期有害，透支品类价值的行动，而应该升级产品，维护品类的长期价值。

适时分化

随着时间的推移，面对持续增长的课题，品类的领导者会面临一个重要的战略选择：扩大品类还是分化品类？

九牧王通过聚焦西裤品类成为品类之王，但西裤显然面临明显的品类增长问题，穿西裤的场景越来越少，所以九牧王先把品类"扩大"为男装，未能取得成功，再将品类"扩大"到"男裤"。欧派成为橱柜品类之王后，将自己的品类"扩大"到柜类，希望拓展到衣柜等市场。但是扩大后的"男裤""柜类"都是没有消费者认知基础的"伪品类"，因为没有消费者会说我要买一条"男裤"或者一套"柜类"。

（1）分化推动品类发展

没有一个品牌可以完全控制某一个大品类，因为品类本身也会不断分化，必然产生新品牌。领导者可以封杀一些机会，但是没有办法封杀品类里面所有的机会。比如，没有领导者可以既占据高端又占据低端，也没有领导者既在互联网上实现高性价比，又在全市场占据主流。

分化不会削弱品类，相反有利于品类的壮大。在美国市场，当比萨不断分化，分化出堂食比萨、外卖比萨、外带比萨、分块比萨等越来越多的新品类之后，比萨成为了美国餐饮市场的主流品类之一。对于一些增长缓慢的品类，如可乐和凉茶等，最重要的策略就是主动推动分化和创新，通过新品类的诞生来激活和带动整个品类。

（2）单一焦点、多品牌

伴随着竞争，品类开创者不得不面对更多细分品类的分化趋势，最好做法是主动推动分化，诞生更多的新品类和新品牌。

商业史证明，在一个大领域里面占据50%市场的企业通常都会采取一种策略，叫作"单一焦点、多品牌"。

比如吉列剃须刀，在剃须刀品类中布局了一次性、两刀头、多刀头等多个品类和品牌，最终占据了剃须刀品类50%的份额。

玛氏在口香糖品类布局了绿箭、白箭、益达等多个品类和品牌，最终占据口香糖市场50%以上的份额。

可口可乐在碳酸饮料全球前五位的品牌中占据四个，分别是可口可乐、健怡可乐、芬达、雪碧。

洗发水品类也如此，宝洁旗下的飘柔、海飞丝等多个品类和品牌，占据洗发水市场50%的份额。今天，宝洁在洗发水领域的主导性在削弱，原因在于品类创新的能力在削弱。

对于大企业而言，收购也许是拥有新品类成本最低的方式。更好的方式则是聚焦一个大品类，主动把握品类分化机会，发展多品牌，最终形成"品类大树"。这就是从品类创新到品类之王的战略路径。

5

基于里斯品类创新思维
模型的品类创新实践

这一章我们将通过"品类创新思维模型"来复盘苹果、特斯拉、乔巴尼等全球企业品类创新的关键决策。同样，借助长城汽车、三只松鼠等更多不同体量、不同领域、不同发展阶段的企业实践，我们可以看到"品类创新思维模型"如何在实践中指引企业品类创新，打造品类之王。

苹果公司如何通过品类创新成为全球市值最高企业之一

苹果公司是全球最大的科技公司，也是全球市值最高的公司之一。2022 年 1 月，苹果成为全球第一家市值达到 3 万亿美元的公司。然而，苹果公司的发展并非一帆风顺，早年的苹果公司经历了 Lisa 电脑的失败、创始人乔布斯的被迫离任、公司的衰落以及东山再起，苹果公司的发展曲线与品类创新的成败息息相关。天生具有品类创新基因的创始人乔布斯经过实践以及失败的磨砺，最终实现连续三次品类创新的成功，帮助苹果重新崛起，登上全球企业的巅峰。

麦金塔的品类创新

麦金塔（Macintosh）的品类创新机会蕴藏于"反巨头"大方向，以做一台和市面上所有的 PC 都不一样的 PC 作为思考的起点，乔布斯通过心智洞察（抢先定义品类）和技术洞察（通过技术创新解决品类痛点）最终确认了新品类机会。

在麦金塔诞生之前，市场上所有的 PC 都基于文字界面设计。人机交互依赖于复杂的计算机代码指令，如同书面传播中的复杂文字系统，用户必须具有一定的专业知识才能有效地操作电脑。作为 PC 领域的后来者，乔布斯认为，如果苹果推出一款文字界面的电脑，几乎很难有胜算，便决定站在 IBM 等行业巨头的对立面，推出一款图形界面的电脑，帮助用户不用记忆代码就可以轻松操控电脑。

1984 年，苹果公司推出的麦金塔电脑（见图 5-1）是第一个成功运用图形用户界面的商业产品，开创了图形界面的 PC 新品类，它通过技术洞察解决了字符界面操作复杂的品类痛点——用视窗、图形、表单和鼠标等直观的图形表现方式，大大降低了用户的学习成本，第一次让家庭用户感受到了电脑的易用性。

图 5-1　麦金塔电脑

麦金塔开创并定义了图形界面 PC 新品类。同时，苹果对这款产品也启用了一个独立的新品牌：麦金塔。这个名字由"麦金塔计划"的发起人杰夫·拉斯金（Jeff Raskin）根据他最爱的苹果品种命名。

在配称方面，麦金塔设计了与众不同，极具设计感的流线型外观，与 IBM 等主流品牌文字界面的 PC 形成显著区别，还设计了极具公关话题性的广告，从一开始就宣传了品牌的颠覆性精神。

麦金塔的 4N 模型如图 5-2 所示。

麦金塔在刚发售时因其颠覆性的设计引发了一阵热潮，但到 1984 年下半年，其销量就开始急剧下滑。麦金塔第一年的销量仅为 37.2 万台（同期 IBM 的 PC 销量为麦金塔的 6 倍），未达到预期的 10%，乔布斯也因此被董事会驱逐出苹果。

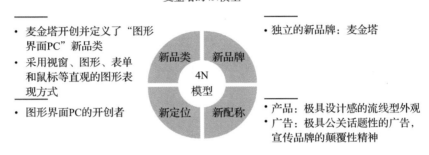

图 5-2　麦金塔的 4N 模型

麦金塔开创了新品类，但表现远低于预期的原因在于，品类创新与技术发展现实相脱节。麦金塔外形精美但运行缓慢：传统电脑采用文本方式显示，一个字符只占用不到一个字节；而麦金塔采用像素方式显示，每个字符所需要的内存就比前者多出二三十倍。图形界面 PC 在当年的计算力下，即便用最好的配置，运转也依旧很慢，加上 2495 美元的高昂售价让它最终成为小众的设计师电脑。

21 世纪全面进入读图时代后，凭借品类开创者的先发优势，Mac 系列产品凭借其高性能、有竞争力的价格和美观的工业设计取得了巨大成功，帮助苹果公司重新盈利。2000年，在 iPod 和 iPhone 等产品推出之前，苹果 Mac 系列电脑

占苹果总营收的 86%。至 2020 年，苹果 Mac 电脑一年售出
2259 万台，市场份额排名第四，年收入为 286 亿美元，占苹
果总收入的 10.4%。从某种意义上，麦金塔是一个早诞生了
20 多年的新品类。

iPod 的品类创新

iPod 通过心智洞察（重新定义品类）和市场洞察（老品
类和新概念结合）发现新品类机会。

在 iPod 推出前一年的 2000 年，新加坡创新科技公司
（Creative Technology Ltd.）就已经推出全世界第一款大容量
音乐播放器 Creative Nomad Jukebox。它具有 6GB 的存储容
量，可以存储 100 个小时以上的数字音频。不过，当时公司
对这款产品的品类定义是"硬盘 MP3"，这个品类名在认知
中是传统 MP3 的一部分，而品牌名 Creative Nomad Jukebox
更是冗长而复杂。除此之外，Creative Nomad Jukebox 也
是产品线延伸的产物，新加坡创新科技公司在此之前就有
两款 MP3 在售，这两款产品仅有 64 兆字节的存储芯片，仅
能容纳约 20 首歌。除了 MP3 播放器，新加坡创新科技公
司还生产媒体播放器、数码相机、图形加速卡、网络调节

器、CD 和 DVD 光驱等产品。一系列原因让 Creative Nomad Jukebox 这个"先驱"成了"先烈","创新"产品在市场上的表现不佳。2001 年，苹果公司通过心智洞察，重新定义了这一品类。

面对巨大的新品类机会，乔布斯带领苹果公司对"新品类 4N"进行了设计，如图 5-3 所示。

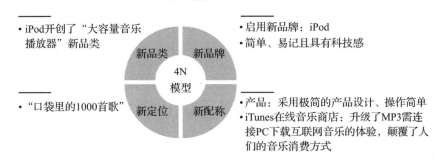

图 5-3　iPod 的 4N 模型

首先，重新定义新品类。不同于 Creative Nomad Jukebox 的传统品类定义，iPod 将品类定义为海量音乐播放器，直接将产品与传统音乐播放器区分开。

其次，启用新品牌。品牌名 iPod 简单、易记且具有科技感，相比新加坡创新科技公司复杂、冗长的产品名，iPod 优势明显。

再次，使用新定位。iPod采用了"装进口袋里的1000首歌"的定位传播语，将抽象的"5GB""10GB"词汇转化为具体的"1000首歌"，并用"放进口袋"来表达其便携的特点。

最后，设计新配称。如图5-4所示，iPod产品采用极简的产品设计，只提供一种容量，消费者无须选择。因操作简单，苹果管理层对产品的定义是："简单到您的父母都可以操作。"同时推出的iTunes在线音乐商店，升级了MP3需连接PC下载互联网音乐的体验，彻底颠覆了人们的音乐消费方式。

图5-4　iPod产品

尽管 2006 年苹果公司因专利侵权支付给新加坡创新科技 1 亿美元的赔偿金，但这并没有阻挡 iPod 作为品类开创者成为 20 世纪最成功的电子产品和市场的绝对领导者，iPod 的成功也为苹果未来的高速发展奠定了基础。2001 ～ 2011 年，iPod 在全世界一共售出了 3 亿部，占据全球音乐播放器市场七成以上的市场份额，一度成为 21 世纪最成功的电子产品之一。

iPhone 的品类创新

iPhone 通过心智洞察（抢先定义品类）发现新品类机会。

早在 1993 年，苹果公司就推出了首款便携式智能设备：牛顿 PDA。如图 5-5 所示，这款产品配备了触控屏幕、红外线、手写输入（甚至支持草写）等功能，并且预置了多种软件辅助管理个人资料，在 20 世纪 90 年代风靡一时。然而，由于新品类定义和新配称设计方面存在严重缺陷，1993 年，牛顿总共卖出了 12 万台，与预期的数百万台目标相距甚远。1998 年，牛顿 PDA 停止开发和销售。

图 5-5　牛顿 PDA

随着 3G 技术的发展和社交网络的兴起，苹果洞察到，尽管市场已经有了多款智能手机产品，但顾客心智中并没有一个品牌占据这个品类，所以存在一个重启"智能手机"新品类的重大机会。

iPhone 率先构建了智能手机新品类 4N 模型，如图 5-6 所示。

图 5-6　iPhone 的 4N 模型

在新品类方面，iPhone 率先定义了"智能手机"新品类的标准：多点触屏操作、全新操作系统、3G 网络。

在新品牌方面，苹果启用新品牌 iPhone，简单、易记且具有科技感。

在新定位方面，苹果定位高端智能手机，从高端市场起步，符合高科技产品的发展规律，同时，在真正意义上将 iPhone 产品与传统手机区分开来。

在新配称方面，iPhone 采用极简产品线，起步阶段时 iPhone 每年只发布一款产品。"不让消费者做选择"是乔布斯的重要经营理念，他曾这样概括苹果的产品思想："消费者并不知道自己需要什么，直到我们拿出自己的产品，他们就发现'这是我要的东西'。"iPhone 在产品设计上也有诸多技术突破：一是触控革命，采用多点触摸屏幕操作，摆脱了全键盘以及手写笔的束缚；二是超大屏幕，和同期手机产品相比，初代 iPhone 由于省去了实体键盘而得以容纳 3.5 寸主屏，成为当时数一数二的超大屏幕（见图 5-7）；三是手机操作系统进化，全新的 ios 操作系统取代了当时市面上的塞班、Windows Mobile 等传统操作系统。此外，基于 iPhone 的软件应用商店（App Store）改变了软件的制作和分发方式，吸引了大量的开发者。

图 5-7　第一代 iPhone

品类创新为 iPhone 和苹果带来了巨大回报，iPhone 诞生以来，累计销量达 20 亿部。自 2011 年起，iPhone 取代 iPod 成为苹果第一大收入硬件，营收占比超过五成。iPhone 也成为 21 世纪最成功的新品牌之一。

iPad 的品类创新

iPad 通过心智洞察（抢先定义品类）和技术洞察（老品类和新技术结合形成新品类）发现了新品类机会。

21 世纪读图时代来临，随着智能手机和社交软件的普及，在智能手机和笔记本电脑之间出现了一个巨大空白：影音娱乐体验足够好，能够轻松地浏览网页、处理邮件、整理照片，同时不像笔记本电脑那样笨重。2008 年，在整个 IT 行业，上网本（Netbook）风靡一时，以轻薄小巧的理念一度打开了相当庞大的市场，几乎每一家电脑巨头都在制造上网本，但是乔布斯认为这是一种伪品类，所谓"轻薄"只是纯粹的便宜笔记本电脑，并未为消费者提供新的价值。

iPad 的 4N 模型如图 5-8 所示。

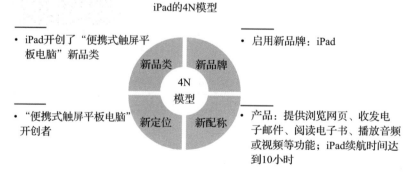

图 5-8　iPad 的 4N 模型

2010 年，苹果推出"便携式触屏平板电脑"新品类，并延续其一贯的做法——每一个新品类采用一个极简的新名字，这次叫 iPad。iPad 提供浏览网页、收发电子邮件、阅读电子书、播放音频或视频等功能。iPad 最重要、最核心的配称之一是：续航时间达到了让人印象深刻的 10 小时，超过当时所有的笔记本电脑。

iPad 上市当天就卖出了 30 万台，推出当年的市场占有率高达 95%。自推出以来，iPad 累计销量超过 5 亿台。随着品类的扩张和竞争对手的加入，iPad 作为品类开创者依然保持着主要份额。

回顾苹果公司创始人乔布斯主导的四次品类创新，我们不难发现，乔布斯显然吸取了早期麦金塔品类创新的经验和教训，不再进行过于超前的品类创新，而是发挥自己在新品类设计方面先天的优势，找到那些尚不成熟、不完善但潜力巨大的新品类，在合适的时机率先定义或者重新定义品类，成为消费者心智中的品类开创者和品类之王。iPod、iPhone、iPad 都属此类。

特斯拉如何通过品类创新成为全球车企新王者

作为汽车史乃至人类商业史上最重要新品类的开创者之

一，特斯拉品类创新的价值在于，当企业面对革命性的新品类机会时，如何遵循品类创新和品类发展的根本规律，成功把握新品类机会。

特斯拉几乎涵盖了所有的品类洞察方法：通过心智洞察（抢先定义品类，对立面品类）、市场洞察（关注未被重视的老问题）和技术洞察（通过技术创新解决品类痛点，老品类和新技术结合）发现新品类机会。

在特斯拉之前，电动汽车已有近百年的生产历史，即便在最近 30 年里，通用、福特、丰田等全球多家传统汽车厂商都在研发并生产电动汽车，但因电池技术和续航问题等种种原因，这些产品都未能成功量产。最重要的是，在人们认知中，"电动汽车"品类处于空缺状态，并无品牌占据。

马斯克认为，燃油车尾气排放是造成空气污染加剧的重要原因，随着人们的环保意识逐渐加强，传统汽车将面临巨大挑战。而且，石化能源在可持续性上也存在严重问题。通过技术创新，特斯拉解决了此前电动汽车的痛点：续航里程短和性能体验差。特斯拉实现了电动汽车的超级续航里程，第一代 Model S 发布时续航里程就已经超过 200 公里，目前特斯拉已有超过 800 公里的长续航车型，在全球电动车品牌保持领先。此外，特斯拉在"三电"领域、自动驾驶、OTA

升级等智能技术上实现了突破，与传统汽车拉开了差距，也
在心智中抢先定义了智能电动汽车新品类。

特斯拉的新品类 4N 设计也全面升级，如图 5-9 所示。

图 5-9　特斯拉的 4N 模型

首先，在新品类方面，特斯拉开创并定义了智能电动汽
车新品类，不仅是一辆简单的"电动车"，还结合了人工智能
技术的最新进步，具备了辅助驾驶和自动驾驶功能，实现了
软件的即时更新和功能的自动升级。这些都是传统燃油汽车
很难实现的。

其次，新品牌取名"特斯拉"，致敬交流电发明者尼古
拉·特斯拉（Nikola Tesla），具有很高的品类关联度。

再次，在新定位方面，无论是性能还是外形，都将竞争
者远远甩开，竖立起高端智能电动汽车的标杆。

最后，在新配称设计方面，特斯拉更是做到了极致。在产品上，极简产品、极致聚焦。与起步阶段的苹果一样，特斯拉也采取极简的产品线，平均 2 ～ 3 年才推出一款新车型，每一款车型都对应一个细分品类：例如 Model S/X 对应高端轿跑 /SUV，Model 3/Y 对应中高端轿车 /SUV。产品线的聚焦让特斯拉能够打造爆款，从而摊薄单个车型的研发生产成本。

在定价上，从高端起步，逐渐下探。这与包括中国在内的众多电动车品牌的做法截然相反，更符合智能电动汽车作为新品类的属性：环保、高性能、智能化。从高到低的策略在前期帮助特斯拉建立起高性能的认知，在后期有利于品类普及。

在渠道上，特斯拉打破了传统 4S 店的销售模式，坚持直销。特斯拉的直营体验店主管售前咨询和试驾，官网主管销售，服务中心主管交付和售后。

在推广上，充分发挥创始人的代言作用。特斯拉的品牌影响力，很大程度上得益于创始人马斯克带来的公关效应。马斯克初期打造"现实版钢铁侠"形象，个人影响力高涨，网红效应使得特斯拉自带流量和媒体曝光度。例如，在 Model 3 发布会后利用社交网络上各路媒体及自媒体进行话题讨论，首周预订量便超过 30 万辆，传播效果远超传统广告渠道。此外，马斯克作为"推特大 V"，经常在社交网络上与用户进行互动，在产品和软件更新时听取用户意见，这种近距离沟通也赢得了不少用户的好感。

在融资上，采取了新资本模式。智能电动汽车的研发和销售经营对资金的需求极高，从 2010 年到 2019 年第四季度，对应接近 90 万辆的累计交付规模，特斯拉总共投入超过 2000 亿元。[⊖]如果特斯拉无法在资本市场获得充足的资金，根本无法承受如此巨大的投入。

历史性的品类创新者必然获得历史性的回报。2021 年 10 月，特斯拉市值突破 1 万亿美元，成为全球市值第一的汽车制造商，然而，属于智能电动汽车和特斯拉的时代才刚刚开始。

长城汽车如何通过品类创新成为全球领先车企

2021 年，长城汽车发布全新的 2025 战略，长城汽车董事长魏建军提出基于品类创新，以品类建品牌，形成长城皮卡、哈弗、WEY（魏牌）、欧拉、坦克、沙龙智行六大品牌矩阵，打造全球潮牌、潮品的企业战略，同时提出 2025 年实现 6000 亿元营收的战略目标。

<hr />

⊖ 资料来源：http://pdf.dfcfw.com/pdf/H3_AP202002251375445398_1.pdf

2008 年以来，作为长城汽车的长期战略顾问，我们在过去的十几年里和长城汽车一起实践品类创新理论，取得了丰硕的成果，其营收从 80 亿元增长至 2000 亿元，市值一度超过宝马，达到 6000 亿元。长城汽车也成为全球汽车企业品类创新的引领者，为全球企业提供了重要的经验。

长城的品类创新战略主要经历了两个阶段：第一阶段是 2008 ～ 2013 年的哈弗品牌的品类创新实践，通过品类聚焦成就千亿长城；第二阶段是 2013 ～ 2021 年 WEY、欧拉、坦克等多品牌的推出，通过品类创新打破 1000 亿元增长瓶颈，迈向 5000 亿元。

哈弗的品类创新实践

2008 年，长城汽车刚经历了一轮扩张：为实现成为主流车企的目标，投资数十亿元进入轿车市场，并开发了嘉誉 MPV 等产品。但是，出击更多品类并未给长城带来预期的销量。当时年销量不足 13 万辆的长城汽车，在全球车企中销量排名第 37 位，在中国自主车企里倒数第二，却同时经营皮卡、轿车、SUV、MPV 等多个品类，拥有迪尔、赛铃、赛酷、风骏、哈弗、精灵、炫丽、酷熊、嘉誉 9 个品牌。除了迪尔在国内经济型皮卡市场处于领先，其余品牌都未进入品类"数一数二"的位置，属于典型的"灌木"企业。

通过心智洞察（聚焦分化老品类），哈弗发现了新品类机会。如图 5-10 所示，在价格和档次之外，"车型"是消费者认知和区分汽车产品更为重要的标准。大量潜在消费者在买车前不仅会限定预算，还会考虑是买 SUV、轿车还是 MPV 等某一具体"车型"。"车型"这一品类标准与主流车企的通行做法有明显差异，它更加聚焦，更加符合潜在消费者的心智模式，因此具备极高的战略价值。长城汽车由此确定了立足"车型"而非"价格"来打造"品类品牌"的思路。

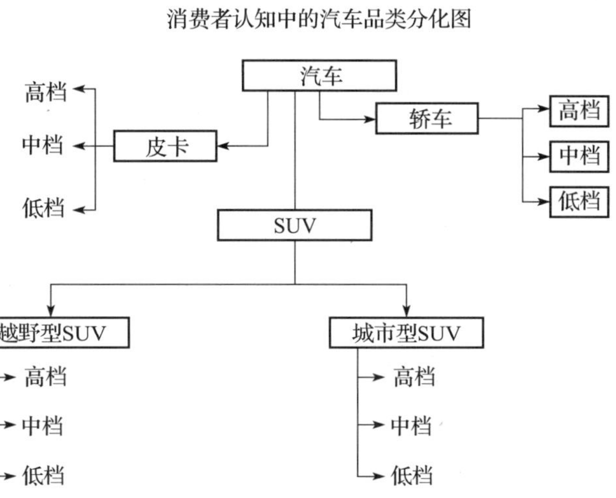

消费者认知中的汽车品类分化图

图 5-10　汽车行业品类分化图

在品类的选择上，长城首先排除了皮卡品类。尽管长城在皮卡品类具有国内领先的地位，有"皮卡之王"的美誉，但从全球看，皮卡品类容量有限，主要市场集中在美国等少数国家，产品需求差异大、壁垒高，而且增长缓慢。由于国内一二线城市限行皮卡，皮卡的国内市场容量小、增长缓慢，年销量长期徘徊在 30 万台左右，显然聚焦皮卡品类无法支撑企业发展。

轿车无论在国内还是全球都属主流品类，在国内一度占据乘用车的 70% 甚至更高的份额，进入轿车市场成为汽车企业的"潮流"。对于市场非领导者而言，战略往往由领导者决定。从竞争角度评估，长城汽车几乎毫无机会：合资品牌主导了轿车市场，鲜有自主车企进入前 10 强。而在自主阵营中，吉利、奇瑞、比亚迪等对手也已占据先发优势，这意味着长城即使进入轿车品类，也难以建立起主导性品牌。综合来看，轿车属于保有量大、未来增长慢、缺乏战略机会的品类。因此对于长城而言，最佳选择是做"潮流的对立面"：放弃轿车，开辟新的战场。

从消费者认知来看，与体现"面子"的轿车对立的，正是体现"实用性"的 SUV。2008 年，SUV 品类在中国乘用车市场的占比仅为 5%，某种意义上，长城聚焦战略的最大价值以及最大难点都在于此。

研究与中国汽车消费者特征最为类似的美国汽车市场近百年品类发展历程后，里斯战略定位咨询发现，SUV 属于竞争对手少、既有市场小、未来增长潜力巨大的品类，长城应该全力聚焦 15 万元以下的经济型 SUV 品类——哈弗品牌，将其打造成企业主干，进而主导 SUV 品类。

确定了战略方向后，长城开始构建自己的"4N"模型，见图 5-11。

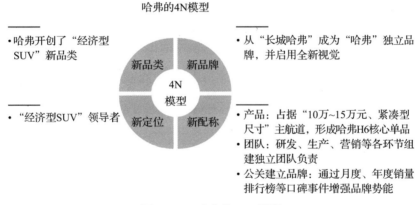

图 5-11　哈弗的 4N 模型

首先，基于心智洞察，确立了以哈弗品牌聚焦"经济型SUV"新品类。

其次，通过一线市场走访和数据研究发现，与竞争对手相比，"保有量大"是哈弗品牌最大的优势。经过聚焦之后的哈弗成了中国 SUV 市场销量第一的品牌，于是形成了"经济型 SUV 领导者"的品牌定位。

再次，推动哈弗品牌独立。2013 年，长城汽车宣布"长城哈弗"改名为"哈弗"，并成为独立品牌也是继吉普、路虎之后全球第三个专业 SUV 品牌。

最后，在配称方面启动了一系列活动。独立后的哈弗启用全新视觉，从研发到生产，再到营销等各环节，都专门组建团队来负责，并在独立的 4S 店销售。在产品上，占据经济型 SUV 品类主航道："10 万～ 15 万元、紧凑型尺寸"是经济型 SUV 销量最大的市场，也是哈弗品牌产品布局的主航道。在这个主航道上，哈弗 H6 逐渐成为核心单品。同时，采用公关建立品牌，通过月度、年度销量排行榜，销量里程碑，达喀尔拉力赛，全球车展等口碑事件增强品牌势能。

依托新品类 4N 设计，哈弗品牌在认知中积累了优势，迅速占据了顾客心智中经济型 SUV 品类的空缺，成为品类代表。截至 2021 年 11 月，哈弗 H6 已累计 100 个月获得 SUV 销量冠军，哈弗品牌的全球累计销量突破 700 万辆，遥遥领先于中国市场其他 SUV 品牌。哈弗的成功也推动长城汽车实现从 80 亿元到 1000 亿元的成长。

坦克的品类创新实践

坦克是通过心智洞察（对立面、聚焦分化老品类）发现的新品类机会。

坦克新品类洞察的战略思考起点，来源于里斯战略定位咨询团队和长城汽车共同思考的问题：当全球几乎所有的汽车企业都开发新能源、纯电动车时，新能源车领域无法或者很难颠覆的究竟是什么品类？答案是越野 SUV。

一直以来，越野市场是行业公认的小众品类，并未进入汽车的主流市场。市场研究发现，在美国、加拿大、澳大利亚、俄罗斯等市场，越野车份额均远高于中国。对比美国市场，中国越野车品类至少具备 5 倍的成长空间，预计规模上限可达 100 万辆。此外，在电动化大趋势下，越野 SUV 是电动车无法颠覆的市场；而因为新能源大趋势，全球主流车企停止越野 SUV 研发，越野 SUV 品类存在市场机会。

进一步的心智洞察发现，消费者对于硬派越野 SUV 的认知是机械化、做工粗糙、舒适性差。而对城市舒适 SUV 的认知是越野性能弱、大众化。硬派越野 SUV 和城市舒适 SUV 之间存在心智空缺，如图 5-12 所示。2020 年年底，坦克 300 的推出，从越野大品类中分化出了"潮玩越野 SUV"新品类，填补了这一心智空缺。

硬派越野SUV：
机械化、做工
粗糙、舒适性差

时尚
舒适
智能

城市舒适SUV：
越野性能弱、
大众化

图 5-12　硬派越野 SUV 和城市舒适 SUV 之间的心智空缺

找到这一空缺之后，长城启动了新品类的"4N"设计，如图 5-13 所示。

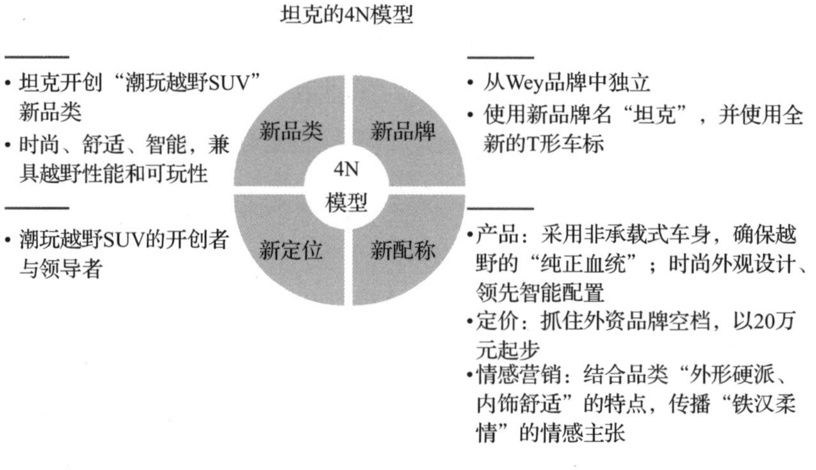

坦克的4N模型

• 坦克开创"潮玩越野SUV"新品类
• 时尚、舒适、智能，兼具越野性能和可玩性

• 从Wey品牌中独立
• 使用新品牌名"坦克"，并使用全新的T形车标

新品类　新品牌

**4N
模型**

新定位　新配称

• 潮玩越野SUV的开创者与领导者

• 产品：采用非承载式车身，确保越野的"纯正血统"；时尚外观设计、领先智能配置
• 定价：抓住外资品牌空档，以20万元起步
• 情感营销：结合品类"外形硬派、内饰舒适"的特点，传播"铁汉柔情"的情感主张

图 5-13　坦克的 4N 模型

坦克开创的"潮玩越野SUV"新品类，时尚、舒适、智能，兼具越野性能的同时可玩性很强。

在新品牌方面，由之前的"Wey坦克"改为"坦克"，成为一个独立的新品牌，并使用全新的T形车标。

在新定位方面，作为品类开创者，坦克天生具有"潮玩越野SUV的开创者与领导者"的信任状。

在新配称方面，进行全面更新。产品上，采用非承载式车身，确保越野的纯正"血统"，加上时尚外观设计、领先智能配置，构建了品类基础。定价上，抓住外资品牌空档，以20万元起步，成功迈入国产车新价格段。渠道上，坦克打破传统，采用坦克App作为唯一的预售渠道，通过线下体验和交付，价格统一。公关上，充分利用新品类的热点制造话题传播。例如，在坦克300开放日的活动中，找来真正的ZTZ-59D中型坦克与坦克300的越野性能进行对比，在互联网上引起热议。在营销方面，结合品类"外形硬派、内饰舒适"的特点，传播"铁汉柔情"的情感主张。品类创新为坦克品牌带来了极大成功，首款产品坦克300上市不到1个月就取得了1万多辆的订单，超过牧马人一年的销量，实现了起步就是领导者的奇迹。2021年11月，售价35万元的坦克500开启预售，不到两周订单超4万辆，超过特斯拉成为

2021 年中国市场最火爆的汽车品牌。从趋势来看，它有望成为长城继哈弗之后又一个千亿级的品牌。

三只松鼠如何通过品类创新成为中国坚果品类之王

中国作为全球线上销售最发达的国家，互联网一直是中国企业尤其是初创企业品类创新的最佳孵化地。三只松鼠是国内最早通过互联网孵化，并且成功超越线下领导者的品牌。它的品类创新实践对众多立足互联网的创新企业有重要的借鉴意义。

三只松鼠是通过心智洞察（抢先定义品类）发现"互联网坚果"品类机会的。

2012 年以前，坚果在线下市场的主要渠道有两种。一类是传统渠道，如街边杂货店、炒货店、水果店等实体店。这类渠道对于零食来说仍属小众，散装售卖的形式难以打造品牌。另一类是超市等主流渠道，由于从经销商到终端的层层加价，坚果品类的价格过高，品类的成长受到阻碍。因此，坚果品类始终没有诞生一个领导者品牌。

在互联网不断普及、网络购物迅速发展的背景下，2012

年，三只松鼠成立，并借助休闲零食消费升级的趋势快速发展。三只松鼠以高价值坚果作为切入点，主打碧根果、夏威夷果等树坚果的电商销售，发现了"互联网坚果"的品类机会。

三只松鼠在"4N"设计方面颇具新意，如图 5-14 所示。

图 5-14　三只松鼠的 4N 模型

在新品类方面，三只松鼠把握电商渠道的人口流量成长红利，借力阿里巴巴平台起步并快速扩张，抢先定义了"互联网坚果"新品类。尽管当时有众多"坚果"产品销售，但是并没有企业定义自己为"坚果"，而是核桃、松子等具体产品。"坚果"的优势是具备健康属性，在权威机构不断宣传推广"坚果"价值的情况下，未来趋势向好。

在新品牌方面，"三只松鼠"与"坚果"品类关联度很高，成为领先竞争对手的一大优势。

在新定位方面，三只松鼠在品牌创立后的第一个"双
11"就交出了全网销量第一的好成绩，以此为开端，三只松
鼠在传播上持续"聚焦第一"的定位（图5-15），为品牌积累
了丰厚的心智资产。通过长期传播"全网坚果销量第一"的
定位，三只松鼠在做大互联网坚果品类的同时，稳固地占据
了第一的绝佳位置。

图 5-15　三只松鼠：全国坚果零食销量第一

在新配称方面，三只松鼠做出了多种创新。

在视觉锤上，首先设计了与坚果品类强关联的元素，后
来又设计了"三只松鼠"的动漫形象，为三个动漫角色"松
鼠小酷""松鼠小贱""松鼠小美"设定了不同的血型、星座、
个性、爱好等特征。

在新渠道上，通过聚焦互联网渠道，实现极致性价比，
迅速转化线下坚果份额。

在服务上，围绕"松鼠文化"进行了一系列的差异化客户体验创新。店铺的客服也变身松鼠，将消费者称为"主人"。在客户购买坚果产品时，附赠剥壳器、果壳袋、纸巾、试吃包、封口夹等。这些举措在品类早期的发展至关重要，积累了口碑。随着越来越多的消费者把三只松鼠服务的惊喜体验分享在社交媒体上，品牌在初期实现了低成本的传播，品牌得以建立，并拉开与对手的差距。

三只松鼠在 2014 年全网销售额突破 10 亿元。如今，三只松鼠在线上坚果品类的市场份额已经达到 20% 以上，连续 8 年占据全网坚果零食类目销量第一，成为名副其实的品类之王。在三只松鼠的推动下，中国坚果品类的包装坚果食品比例持续提升。

乔巴尼如何通过品类创新成为美国酸奶新王者

在一个存在强大领导者并形成稳固二元格局的市场，如何通过品类创新颠覆格局？乔巴尼的品类创新实践提供了很好的范本。

乔巴尼通过对立面品类、抢先定义品类发现了新品类机会。在乔巴尼出现 10 年之前的 1998 年，Fage 希腊酸奶就进入了美国。Fage 希腊酸奶的历史非常悠久，于 1926 年在希腊雅典成立。进入美国市场后，Fage 并没有大规模铺设渠道，在相当长的时间里，大众消费者只能在希腊专卖超市和食品专营店看到其产品。它也没有进行大规模推广，未能充分利用公众媒体建立起消费者对 Fage 的品牌认知。价格高、口味单一、包装简单等因素导致 Fage 错失了 10 年的先发优势，被后来者乔巴尼赶超。2007 年，乔巴尼酸奶推出，通过心智洞察对立传统酸奶，抢先定义了希腊酸奶品类。

为了配合新品类，乔巴尼在 "4N" 设计方面做了如下创新，如图 5-16 所示。

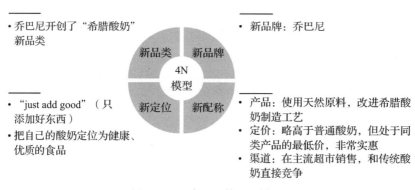

乔巴尼的4N模型

• 乔巴尼开创了 "希腊酸奶" 新品类

• 新品牌：乔巴尼

• "just add good"（只添加好东西）
• 把自己的酸奶定位为健康、优质的食品

• 产品：使用天然原料，改进希腊酸奶制造工艺
• 定价：略高于普通酸奶，但处于同类产品的最低价，非常实惠
• 渠道：在主流超市销售，和传统酸奶直接竞争

图 5-16 乔巴尼的 4N 模型

新品类方面，乔巴尼开创的希腊酸奶新品类站在了传统酸奶的对立面。传统酸奶太稀、含糖量高、口感差异不大，

而希腊酸奶将液体乳清从原料奶中滤出，从而让酸奶的口感更加浓稠，蛋白质含量更高，脂肪含量更低，且不添加防腐剂。

新品牌方面，"乔巴尼"在土耳其语中是"牧羊人"的意思，灵感来源于创始人乌鲁卡亚的童年经历，那时的他与家人饲养绵羊和山羊并制作奶酪。

新定位方面，乔巴尼成立之初的口号是"just add good"（只添加好东西），把自己的酸奶定位为健康、优质的食品。

新配称方面，乔巴尼也有很多创新。产品上，创始人找到了他儿时的好友——酸奶大师古斯塔法，花了18个月时间研发酸奶的口味，采用天然原料，用蒸发甘蔗汁的办法来加甜酸奶，而非使用高果糖玉米糖浆。他们甚至开发了生产希腊酸奶的专业设备，改进了希腊酸奶的制造工艺。

定价上，改进后的乔巴尼酸奶的成本接近普通酸奶的两倍，而乌鲁卡亚最后确定的价格是1.5美元一杯。这个价格处于市场上同类产品的最低水平，而其他欧洲风味酸奶的价位通常在3～5美元。尽管1.5美元略高于普通酸奶的定价（如美国市场普通酸奶的价格只要1美元），但希腊酸奶的优点非常明显，1.5美元的定价依旧实惠。

包装设计上，传统酸奶大多为方形杯子，主要突出产品商标，杯身颜色较浅。如图 5-17 所示，乔巴尼选用矮胖的圆筒大碗包装，鲜亮的颜色和圆筒形状既能跟别的酸奶区分开来，也给了消费者一种很实惠的感觉。

图 5-17　乔巴尼希腊酸奶

渠道上，乔巴尼没有像 Fage 那样选取分销渠道有限的专营店，而是坚持在主流的食品商店售卖，这意味着，它并没有将自身作为小众的异域酸奶，而是作为市面上普通酸奶的直接竞争者，传递给消费者的是日常酸奶的观念。2013 年，在接受《哈佛商业评论》采访时，乌鲁卡亚回忆说，将产品放在主流超市销售是公司做出的最重要的决策。

营销上，乔巴尼酸奶在 Facebook、Twitter、Pinterest 等社交媒体以健康、饮食、健身等话题引起关于酸奶的讨论和互动。凡是在 Twitter 上提到乔巴尼的用户，都会被迅速锁定，然后根据他们发布的内容，做出适当的回应。乔巴尼在 Facebook 和官网上都设置了"试吃"按钮，用户在试吃之后，可以在社交网络上分享他们第一次品尝乔巴尼酸奶的体验以及图片，最受欢迎照片的分享者还可以获得奖励。此举绕过了酸奶巨头的广告防线，吸引了大量健身人群和白领。

乔巴尼的出现推动了美国希腊酸奶品类的发展。2007

年，希腊酸奶在美国酸奶市场中只占有 1% 的份额，10 年后，希腊酸奶品类占据了约 50% 的份额，而品类开创者乔巴尼占据了其中一半的市场份额，尽管达能、优诺、通用磨坊等传统乳业巨头纷纷推出希腊酸奶产品，均未能撼动品类开创者的领导地位。2012 年，乔巴尼被 Fast Company 评为全球最具创新 50 家公司之一，比肩 Facebook，创始人乌鲁卡亚也被称为酸奶界的"乔布斯"。

德邦如何通过品类创新成为"大件快递"领导者

2B 企业如何进行品类创新？在顺丰、三通一达格局的快递市场如何找到发展空间？里斯战略定位咨询有幸参与了德邦从中国领先的物流企业向快递行业发展的重大转型过程，协助企业洞察品类机会，开展关键的品类设计。新战略帮助德邦凭借"大件快递"新品类，在强敌林立的快递市场，开创一片属于自己的新蓝海，成为品类之王，其中的经验值得同类企业借鉴。

德邦通过心智洞察（聚焦分化老品类）和市场洞察（未被重视的老问题）发现了新品类机会。

2001 年，德邦物流把握汽车运输即将爆发的时期，进军国内公路汽运领域，推出物流行业内首创的"卡车航班"业务，凭借着"空运速度，汽运价格"的优势，迅速占领零担物流的中高端市场，成为名副其实的"零担之王"。然而，随着电商的高速发展，快递企业纷纷迎来爆发式增长。为了实现更快发展，德邦发力进入快递、整车、仓储等多个业务板块，结果是业务分散，无法有效参与竞争。在已有市场都有成熟强大对手占据优势地位的情况下，德邦亟需结合趋势和自身优势，开拓新的增长点。基于对全球物流快递市场的研究，里斯战略定位咨询对德邦的品类创新机会有以下洞察。

从趋势来看，参考物流快递行业的高阶市场，美国快递市场规模经换算后达 1.6 万亿元人民币，是中国快递市场的 4 倍，形成了快递市场大、零担市场极小的市场结构。快递是更高阶的品类，目前美国市场的发展可以作为中国市场的参照物。

市场洞察发现，电商化趋势下，快递市场分化出"大件服务"，家居家电等大件商品电商化率的提升会带来大件快递市场的进一步增长。一份调研报告表明，近 70% 接收大件商品快递的消费者都是老人和女性，对快递上楼的需求非常关注。

心智洞察发现，以重量为标准重新梳理快递品类，三通一达被消费者认知为"小件快递",而顺丰被认知为"高端商务件"。"小件快递"终端采用两轮车作为配送车辆,绩效考核的一个重要指标是派件数,这种绩效考核方式无法调动快递员派送大件货物的积极性。

尽管顺丰、中通、韵达都隐约看到市场机会,但都没有形成战略,仅仅通过产品延伸的方式进入。虽然市场上存在大件包裹的产品,但没有明确的品类定义,消费者心智中也没有代表品牌,对产品的描述和说法不一,有"大包裹""重货"等多种叫法,没有采取消费者思维,大件快递存在市场机会和心智空白。

结合"大件快递"这个新品类,在里斯战略定位咨询的协助下,德邦形成了新品类的"4N"设计,如图 5-18 所示。

德邦的4N模型

- 德邦开创了"大件快递"新品类,定义了"大件快递"的行业标准

- "德邦物流"升级为"德邦快递"
- 采用全新的品牌logo和视觉系统

新品类　新品牌

4N
模型

新定位　新配称

- 上至60公斤,百分百免费送上楼,大件快递发德邦

- 产品:聚焦3公斤以上快件,不断提高重量上限,提升产品覆盖面
- 服务:借助自营优势,强化末端服务"上楼"能力

图 5-18　德邦的 4N 模型

在新品类方面，德邦通过开创大件快递品类，定义了"大件快递"的行业标准：3～60公斤一次计价，上门服务。正式推出了快递行业内第一项真正意义的"大件快递"服务——大件快递360。

在新品牌方面，"德邦物流"作为中国物流领导者，在"大件快递"品类的认知上具有一定的基础，所以，我们建议保留"德邦"品牌，同时对品类进行升级。2018年，德邦在北京国家游泳中心"水立方"召开了"大件快递，大有可为"战略发布会，德邦物流正式宣布更名为德邦快递。

在新定位方面，结合大件快递"上楼难"的痛点，提出了"上至60公斤，百分百免费送上楼，大件快递发德邦"的定位。

在新配称方面，聚焦3公斤以上的产品，不断升级"大件快递"重量上限，提升产品覆盖面。借助自营优势，强化末端服务"上楼"能力，提升四轮、三轮运输设备比例，配备专门的上楼机，行业率先做到百分百免费上楼。新品类也催生了新的企业理念——让天下没有难送的快递，真正消除"大件歧视"的品类痛点，协助所有商家拓展发展空间。德邦快递采用全新的品牌logo和视觉系统，如图5-19所示。中国著名篮球运动员易建联受邀担任德邦快递"首席体验官"。

图 5-19　德邦更换全新 logo

得益于"大件快递"业务的强劲发展，德邦的快递业务收入在 2018 年首破 100 亿元，达到 113.97 亿元，同比增长 64.5%，成为"大件快递"品类的领导者。2021 年，德邦营收突破 300 亿元。

略显遗憾的是，一方面，"大件快递"的品类定义稍晚，尽管心智中不存在大件包裹的品牌，但市场上已经有相应的竞争品牌。在此情况下，德邦作为上市企业，基于利润的压力，无法投入更多广告资源迅速将"大件快递"与品牌绑定，植入普通消费者的心智，新品类尚未能发挥出最大战略威力。（本书完稿之际，基于"大件快递"新品类的独特价值，京东宣布溢价收购德邦，随后德邦的估值是国内领先物流企业安能的估值 3 倍以上。）

君乐宝酸奶如何通过品类创新成为行业增长冠军

君乐宝乳业集团成立于 1995 年，是综合排名全国第四的乳制品企业，涉足酸奶、乳酸菌饮料、纯牛奶、奶粉等多个品类。2016 ～ 2019 年，里斯战略定位咨询在为君乐宝乳业提供战略定位咨询期间，为君乐宝梳理了"中期聚焦低温酸奶主干品类，未来发力奶粉品类"的战略方向。在低温酸奶的战略实践中，协助企业打造了"涨芝士啦"芝士酸奶和"简醇" 0 蔗糖酸奶两个代表性的品类创新爆品。新品类推动君乐宝酸奶高速增长，成为行业增速冠军，并成功跻身国内酸奶三强。君乐宝的实践为大中型企业如何实现持续增长提供了良好示范。

涨芝士啦的品类创新实践

涨芝士啦通过心智洞察（聚焦分化老品类）发现了新品类机会。

在涨芝士啦推出以前，市场上兴起了浓缩酸奶的品类，君乐宝计划跟进推出包括巧克力味、榴梿味、芒果味、芝士味在内的多种口味浓缩酸奶产品。里斯战略定位咨询通过市场洞察发现，芝士口味的浓缩酸奶市场接受度较高，而年轻人及儿童都很喜欢芝士口味的食物。市面上芝士类产品品种繁多，不仅是酸奶品类，芝士炒饭、芝士面包、芝士茶和芝士比萨等风靡，预示着芝士品类是一种趋势。

高阶市场研究发现，中国一年人均饮奶量为 40 多公斤，而欧盟国家达到 270 公斤，中国乳品市场的提升空间仍然很大，而芝士占欧美乳制品比例是中国的数十倍。此外，在营养价值方面，10 斤（1 斤 =0.5 公斤）鲜奶提炼 1 斤芝士，芝士的分子较小，容易吸收，发酵过程中会生成 20 多种有益成分，钙、氨基酸含量高出鲜奶的 3 ～ 5 倍。

对于行业本身而言，芝士酸奶可能只是一种口味，而对于消费者而言，芝士酸奶极有可能发展成为一个品类。认知到这个巨大的差异后，当市场同类竞品纷纷将目光聚焦于炭烧酸奶、希腊酸奶、水果酸奶等产品时，我们建议君乐宝另辟蹊径，开创芝士酸奶新品类。

涨芝士啦新品类在 4N 设计上有以下创新，如图 5-20 所示。

在品类命名上，不同于竞争对手推出的芝士风味发酵乳，涨芝士啦将产品定义为"芝士酸奶"，具有了品类属性，将芝士酸奶定义为不同于现有酸奶的酸奶新品类，而不仅仅是酸奶中的一个新口味。基于这个定义的品类教育，使得消费者把芝士酸奶当作品质更高、价值更高的新品类，是"吃少一点，吃得更健康"趋势下的更佳选择。

涨芝士啦的4N模型

• 涨芝士啦开创了"芝士酸奶"新品类

• 启用新品牌：涨芝士啦，与产品特点有关联的全新品牌更利于推广品类

• 10斤鲜奶提炼1斤芝士，好喝到想哭

• 产品：率先使用进口芝士，优化芝士配比，实现口感上和普通酸奶的明显差异
• 包装：采用了全新的爱克林壶装，使其外观上明显的区别于传统酸奶
• 营销：通过赞助校园活动及集中赞助10档热门综艺节目影响年轻群体

图 5-20　涨芝士啦的 4N 模型

君乐宝启用了新品牌涨芝士啦，与产品特点有关联的全新品牌更利于推广品类。

在新定位方面，开创初期重点是突出品类优点，品类定位就是品牌定位，因此，核心定位是"10斤鲜奶提炼1斤芝士，好喝到想哭"（见图 5-21）。

在新配称方面，涨芝士啦也进行了多项创新。在产品上，涨芝士啦不断进行产品升级，率先

图 5-21　涨芝士啦芝士酸奶

使用丹麦进口芝士，优化了芝士酸奶中的芝士含量配比，实现了口感上和普通酸奶的明显差异。

在包装上，涨芝士啦没有选择传统酸奶使用的瓶装、袋装、杯装以及利乐装，而是采用了全新的爱克林壶装，外观上明显区别于传统酸奶。

在营销上，基于品类的特点和利益点，涨芝士啦针对学生群体进行重点推广，通过赞助校园活动及集中赞助10档热门综艺节目影响年轻群体。

上市仅1年后，涨芝士啦销量超过2亿包，市场占有率达到82%，上市两年突破10亿包，创造了中国乳业的又一个奇迹。尽管各大小乳企争相追随，包括蒙牛推出北欧芝士酸奶，伊利推出芝士点酸奶，但是凭借品类开创者的先发优势，涨芝士啦依旧是当之无愧的品类领导者。

简醇的品类创新实践

简醇通过心智洞察（聚焦分化老品类）和市场洞察（未被重视的老问题）发现了新品类机会。

近几年，随着0蔗糖气泡水、0蔗糖茶饮料和0蔗糖饼干产品的兴起，健康饮食风潮愈演愈盛，无糖、低糖食品行业正处于高速成长期。2017 ～ 2018 年，高糖类零食增长态势放缓，无糖饮料增速则达到了 30% 以上。在 1985 ～ 1999 年出生的人群是低糖健康饮食消费主力军，他们越发注重健康生活，"减糖"成为是他们十分重要的需求。

心智洞察发现，在低温酸奶市场中，消费者心智中尚没有 0 蔗糖酸奶专家品牌，竞品均是在现有品牌下进行延伸的产物，简醇有率先聚焦零蔗糖酸奶品类，打造专家品牌的机会。

简醇的新品类"4N"设计也颇具特点，如图 5-22 所示。

图 5-22　简醇的 4N 模型

新品类定义为"0 蔗糖酸奶"。品类定义是一件基于消费者认知的精细工作，不当的品类名会给品类的发展带来重大影响。例如，"无糖酸奶"尽管与"0 蔗糖酸奶"本质一样，但前者会带给消费者"没有甜味"的负面联想，因此命名"无糖"的品类，大多销售不佳。而"0蔗糖酸奶"既放大产品优点，又避免了负面认知。

新品牌取名"简醇"，体现了品类特性。

新定位则提醒潜在消费者对蔗糖负面的关注，基于品类的定位是"不含蔗糖"，定位传播语"怕蔗糖，喝简醇"，以最简洁的表达，既点出了需求痛点，又绑定品类和品牌。

新配称方面，包装上，以"0"为核心设计视觉锤，如图5-23所示。

产品上，聚焦消费者对新品类的顾虑点。在消费者已有的认知中，健康食品的问题是"不够好吃"，简醇通过对产品口味进行创新，在美味与健康之间找到平衡点。

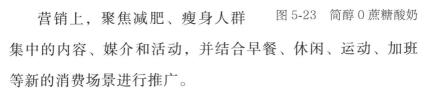

图5-23　简醇0蔗糖酸奶

营销上，聚焦减肥、瘦身人群集中的内容、媒介和活动，并结合早餐、休闲、运动、加班等新的消费场景进行推广。

2021年，简醇酸奶卖出超过14亿盒，以快消口径统计年销售额达超过30亿元。在无糖酸奶领域，简醇市场占有率达到 43.7%，而在低温无糖酸奶领域，其市场占有率更是高达 46.1%，遥遥领先于竞争对手，成为真正的品类之王。

今麦郎如何通过品类创新成为行业增长冠军

今麦郎是中国领先的食品饮料企业，2013 ～ 2019 年，里斯战略定位咨询为今麦郎提供咨询服务，协助今麦郎企业进行品类创新，在方便面和饮料领域成功开创"一桶半""凉白开"等多个新品类，今麦郎也借助品类创新顺利实现转型，连续多年成为百亿级方便面和饮料企业中的增长双冠王。今麦郎的实践为大中型企业如何实现持续增长提供了良好示范。

凉白开如何开创熟水新品类？今麦郎通过心智洞察（挖掘心智资源）和市场洞察（具有全国乃至全球潜力的区域产品）发现熟水新品类机会。

在瓶装水市场竞争中，价格是瓶装水消费者心智中的第一分化标准。如图 5-24 所示，市场上从 1 元的低端水到四五元的高端水，参与竞争的企业多、品牌多，甚有非食品行业及渠道企业的涉入，竞争极为激烈。因为饮用水功能简单，行业对瓶装水品类划分明确，天然水、纯净水或是含有矿物质的矿泉水，心智中各个细分品类都已经存在代表品牌。基于传统的品类划分，新品牌很难再获取市场份额。

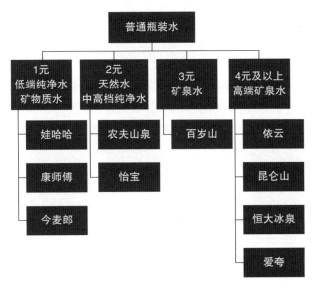

图 5-24　瓶装水的分化

对高阶市场的研究发现，在日本，针对经常地震的状况，各大水厂均在本身所产基础瓶装水的产品基础上，推出了能够长久保存的、以应不时之需的保存水。考虑到需要更长的保质期，保存水采用超高温煮沸杀菌技术。此种形态的产品存在潜在需求。

心智洞察中发现，中国的消费者心智中存在"烧开的水经过高温杀菌，更安全"的认知。用物理加热杀菌工艺，无

残留更安全，更符合中国自古以来的食熟习惯，更适合中国
人肠胃。

今麦郎凉白开的新品类 4N 设计如图 5-25 所示。

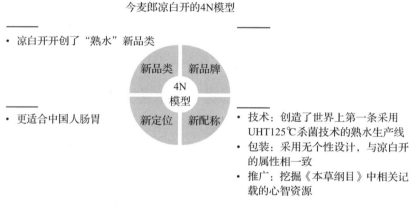

今麦郎凉白开的4N模型

· 凉白开开创了"熟水"新品类

新品类　新品牌

4N
模型

· 更适合中国人肠胃

新定位　新配称

· 技术：创造了世界上第一条采用
UHT125℃杀菌技术的熟水生产线
· 包装：采用无个性设计，与凉白开
的属性相一致
· 推广：挖掘《本草纲目》中相关记
载的心智资源

图 5-25　今麦郎凉白开的 4N 模型

在品类定义上，凉白开脱离了以往纯净水、矿泉水的品
类划分范畴和价格的分化标准，为现有市场做了一个准确的
定义：生水。"生水"的概念，引发了国人记忆里对于细菌、
卫生的天然反应，也让其开创的"熟水"品类与市场上现有
产品产生明显的差异。

定位方面，今麦郎凉白开使用"更适合中国人肠胃"等
核心诉求作为品牌定位，充分唤起人们对"凉白开"已有的
心智认知，达到事半功倍的效果。

新配称有三大创新。在技术上，创造了世界上第一条采用UHT125℃杀菌技术的熟水生产线，把水的加工工艺提升了一个级别，用技术解决了一部分消费者对于瓶装水卫生情况的顾虑。

在包装上，选择了白底黑字的普通瓶身，与纯净水、矿泉水等关联原产地属性的包装有所区分，这种无个性设计与凉白开的属性相一致。

在推广方面，挖掘出中国古代名医李时珍在《本草纲目》中记载的太和汤，正是煮沸后的水，性甘、平，助阳气，行经络，并以此证明"喝熟水益于身体健康"的理念。

具有心智资源的新品类推出市场便迅速获得了消费者的认可，2017年，即凉白开推出的次年，凉白开销售额为2.5亿元。2018年实现了指数级增长，销售额高达12.5亿元，2020年销售额超过了20亿元，并蝉联熟水领域销量冠军。

凉白开的成功引来了众多竞争对手，康师傅推出了喝开水，并迅速铺向全国市场。由于今麦郎的主要优势市场集中在华北地区，同时，今麦郎在熟水品类未能启用新品牌，这些因素都可能成为今麦郎的品类创新最终无法最大化的阻碍。因此，凉白开需要尽快抢占熟水品类认知的空缺。

康巴赫如何依托品类创新成为全球高端炒锅领导者

一家初创企业，面对强大的行业竞争对手时该如何实现逆袭？康巴赫通过心智洞察（抢先定义品类）、市场洞察（关注未被重视的老问题）和技术洞察（通过技术创新解决品类痛点）的品类创新实践为广大中小创企业提供了成功的示范。

康巴赫品牌诞生于 2012 年，最初，品牌主要经营毫无差异化的铁锅，销售毫无起色。后来康巴赫的创始人周和平通过市场洞察发现，消费者购买炒锅第一关注的要素为是否粘锅，不粘是炒锅品类的第一特性，并且消费者们普遍担心不粘锅涂层脱落，会对身体有害。传统不粘锅的不粘层主要是聚四氟乙烯，随着使用次数的增加，表面化学涂层容易逐渐被刮坏，既不利于健康，也影响使用体验。

周和平由此想到通过技术创新，解决品类痛点。他借鉴手机壳使用的蚀刻工艺，在锅壁内蚀刻出凹凸的精细纹理，得益于蜂窝网状纹理的凹凸结构，锅铲与不粘层不易接触，不惧金属锅铲翻炒，大大降低不粘层脱落的可能性，从而最大限度地改善了锅铲与涂层接触而致脱落的问题，延长使用寿命。

据此开发出来的新产品一经推出市场，就受到了消费者
的欢迎，借助刚刚兴起的社交电商渠道，品牌的销售额迅速
超过了 5 亿元。但是，由于缺乏对新品类清晰的设计，消费
者对品牌的认知十分模糊，这对品类扩大和品牌的成长都形
成了巨大阻碍。

康巴赫的新品类 4N 设计如图 5-26 所示。

图 5-26　康巴赫的 4N 模型

新品类方面，康巴赫在锅具品类中与传统不粘锅形成对
立，结合自身独创的技术和可视化的蜂窝状纹理设计，里斯
战略定位咨询帮助康巴赫定义极具增长潜力的细分品类"蜂
窝不粘锅"，简称"蜂窝锅"。通过新品类的定义，实现了与
传统不粘锅品类的差异化。

新品牌方面，品牌名"康巴赫"占据德国厨具的心智资源，同时具有高端化的联想，与品类契合度较高。

新定位基于两方面考虑：一方面，基于"蜂窝不粘锅"品类核心特性"健康"，放大痛点。另一方面，新品类的市场通常来自老品类，因此，新品类的定位需要针对老品类来思考，将传统不粘锅定义为"蜂窝不粘锅"的对手，发展出"怕涂层容易脱落，用康巴赫蜂窝锅"的定位传播语，植入消费者心智。

新配称做了以下几个方面的改变：

在产品方面，加速迭代。推动企业全面聚焦蜂窝不粘锅，停售传统不粘锅，加快产品快速迭代。2019 年，康巴赫进一步迭代第三代蜂窝锅，采用了比 304 更安全、更利于健康的 316L 不锈钢。2021 年，康巴赫发布了第五代抗菌蜂窝锅，得到了中国科学院的专业技术加盟，抗菌率高达 99%，同时大大提升抗腐蚀性和耐磨性。

在价格方面，康巴赫把握 200 ～ 500 元的主流价格段。在传统电商，200 ～ 500 元价格段炒锅占 17%，目前增速 5 倍于平均增速。未来潜力可期，具备深耕价值。

在渠道方面，康巴赫初期通过聚焦刚刚兴起的社交电商起步，实现了快速成长，基于渠道趋势的研究并结合品类高端属性的思考，我们建议将品牌核心渠道从社交电商逐步转向传统电商，为将来实现更为稳健、长久的增长打下基础渠道：把传统电商作为战略渠道，聚焦发展。优先发展天猫，打造第一工程（持续打造康巴赫在天猫的"第一"），逐步在传统电商建立主导地位。布局线下渠道，以传播为主树立形象，打造品牌高端形象。

在视觉锤方面，康巴赫设计了以一个强健的烹饪男士形象为核心的视觉锤，差异化地表达了品类的高端属性和品牌全球化的形象，在众多厨具品牌中脱颖而出。

在营销和推广方面，康巴赫作为品类开创者，一方面加大对"蜂窝不粘锅"的品类教育和推广，另一方面不断加大对品牌传播的投入，确保品牌在潜在消费者心智中处于领先地位。

通过品类创新，康巴赫在竞争激烈的锅具市场上成功建立起了"蜂窝不粘锅"新品类，并借助品类的成长，实现了品牌的成长。2020年康巴赫品牌销售额超15亿元，超过锅具巨头苏泊尔、爱仕达，位居蜂窝不粘锅品类第一。根据欧睿国际提供的数据，康巴赫2020年、2021年连续两年居全球高端炒锅销量第一，成为高端炒锅品类之王。

大角鹿如何通过品类创新成为大理石瓷砖新王者

一个身处同质化竞争的中小企业如何突破红海竞争的困局？大角鹿的品类创新实践为广大同样处于红海竞争且心智地位处于弱势的企业和品牌提供了经典的突围范本。

大角鹿通过心智洞察（聚焦分化老品类）、市场洞察（关注未被重视的老问题）和技术洞察（通过技术创新解决品类痛点）发现了新品类机会。

2012 年．南顺芝在佛山创立金尊玉品牌，由于产品同质化，金尊玉的品牌影响力不足，企业也缺乏资源投入品牌传播，至 2018 年，销售额一直徘徊在 3 亿元左右。

市场洞察发现，对于瓷砖来说，消费者最关心的就是耐用性、耐磨性、防滑性，接下来是外观，最后才是价格。消费者反馈，如果瓷砖使用几年容易刮花或者被硬物砸坏，更换起来极为不便。

大角鹿的新品类"4N"设计如图 5-27 所示。

针对行业痛点，我们建议企业定义新品类，大角鹿研发出了超耐磨钻石釉技术，使瓷砖耐磨度高出 3 倍且防滑性能达到 A 级，开创了"超耐磨大理石瓷砖"新品类。

新品牌方面，由于原品牌名"金尊玉"过于平庸，缺乏独特性和画面感，也无法体现新品类特点，因此我们建议企业将品牌名从"金尊玉"升级为"大角鹿"。品牌名源自鹿科家族当中目前已知体型最大的成员——大角鹿，最明显的特征就是脑袋上的那对巨角，极其耐磨。

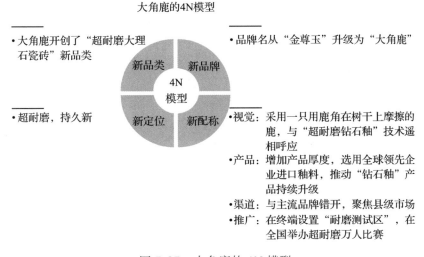

图 5-27　大角鹿的 4N 模型

新定位结合新品类的特点，由高端升级为耐磨，定位传播语为"超耐磨，持久新"。

新配称做了四个方面的改变。

视觉上结合新品类及新品牌，采用一只用鹿角在树干上摩擦的鹿，这与"超耐磨钻石釉"技术遥相呼应，如图 5-28所示。

图 5-28 大角鹿超耐磨大理石瓷砖

产品上，增加了厚度，从 11mm 增加到 13mm，同时推动"钻石釉"新材料产品的持续升级。大角鹿不仅聘请了资深意大利设计师作为研发总监，还选用了全球釉料领先企业意大利卡罗比亚公司的进口釉料。

渠道上，大角鹿与当时主流品牌错开，聚焦县级市场，以温州市场作为原点市场逐步铺开。

在推广方面，2019 年 1 月，大角鹿发布全新战略，产品线砍掉瓷片、瓷砖等具有不耐磨认知的产品。随后，大角鹿举办"磨瓷砖挑战赛"，在终端设置"耐磨测试区"，2019 年上半年，大角鹿全国超耐磨万人比赛共举办 330 场，总参赛人数达 16 350 人，3000 多万人次通过直播观看赛事。

品类创新彻底改变了企业长期以来的困局，新战略实施后，大角鹿连续 3 年高速增长，销售额从 3 亿元增长为 30 亿元，2021 年，在行业低迷的情况下，大角鹿成为极少数逆势增长

的品牌，全年销售量居大理石瓷砖领域第一，成功晋升品类
之王。

添可如何通过品类创新成为洗地机王者

一个已经通过品类创新打造出品类之王的企业，如何摆
脱已有品牌的束缚，持续品类创新，打造企业新的增长曲
线？科沃斯公司的添可品牌为我们提供了很好的范例。

添可通过市场洞察（关注未被重视的老问题）和技术洞察
（通过技术创新解决品类痛点）发现了新品类机会。

2009 年，科沃斯推出第一代扫地机器人"地宝"，开创
了国内"扫地机器人"新品类，并成为品类之王。随着品类
的逐渐普及和竞争者的不断加入，科沃斯开始寻找新的品类
创新机会，布局企业第二增长曲线。

市场洞察发现，中国消费者的家庭清洁习惯与西方不同，
中国消费者一套完整的家庭清洁包含了扫、吸、洗、拖、消
毒等一系列流程，而这背后的客观原因是国内的家庭地面通
常为硬地面材质，和西方国家的地毯材质完全不同。硬地面
容易附着黏液类污渍，难以通过简单的除尘来进行清洁，需

要扫地和拖地，甚至拖地、洗地的需求会更强。在中国市场上，无论是吸尘器还是其他清洁家电品类，都有一个尚未解决的问题，那就是功能的单一化。无论是传统的拖把、蒸汽拖把、吸尘器，还是现在解放人们双手的扫地机器人，都只能实现拖、吸、扫等单一的功能。

添可的新品类"4N"设计如下，如图 5-29 所示。

图 5-29　添可的 4N 模型

基于国内消费者在吸尘后仍会用拖布清洁地面的习惯，通过技术创新，添可开发了融扫地、吸尘、洗地、拖地、除菌多功能于一体的新品类——洗地机，如图 5-30 所示。

由于"科沃斯"品牌在人们的心智中已经代表"扫地机器人"品类，于是企业决定启用一个全新品牌——添可——来代表洗地机新品类。

品牌定位方面，在前期品类教育时期，添可宣传"爱干净，就洗地"，这是一种极致而又典型的品类开创者的做法。到消费者教育成熟后，则聚焦"要洗地，选添可"，把添可品牌和洗地机品类绑定，成为用户对洗地需求的首选。

图 5-30　添可洗地机（图片来自官网）

新配称方面也有多项创新。产品上的策略是抢占认知，快速迭代。一方面，"做得好不如做得早"，必须抢先占据心智，不能等产品完美才推出市场；另一方面，迅速迭代产品，不造成负面口碑。添可洗地机第一代于2018年推出，当时并没有激起太多的市场反应，第二代产品的关注度也不高，其中还不乏消费者对产品的投诉。直到2020年，添可"芙万"洗地机的第三代产品才真正"出圈"。

添可采用独立团队、独立组织运营。尽管同属一家公司，添可团队独立于科沃斯运营，包括研发、销售、制造、渠道和供应链全部独立。这源于两个品牌不同的定位，有助于品牌在各自的赛道上快速推进。

市场瞄准"起步就是全球品牌"的目标。原因有两个：

第一，如果过于聚焦国内市场推广，容易被全球巨头抢占新品类认知，封杀新品牌。第二，品牌必须把握机会建立全球品牌认知，从而更好地应对全球品牌对手的竞争。这样，国内的添可就与戴森等国际品牌处于同一起跑线。

添可借助母公司科沃斯多年海外市场经验以及互联网渠道，实现全球起步。2020年，添可"芙万"洗地机以美国市场作为出海第一站，夺得当年"黑色星期五"销售冠军，美国、德国、英国、日本亚马逊洗地机品类均排名第一。2020年，添可品牌收入中来自海外市场的占比达到46.03%。

营销方面，全渠道、大声量占据品类认知。作为品类开创者，当品类开始启动时必须要确保在市场和心智中取得绝对领先地位，成为最大的受益者。添可采取全渠道策略，与天猫、京东、苏宁等电商平台以及抖音、微博、小红书等社交平台进行合作，占据几乎所有线上销售渠道。另外，添可获得母公司战略性的资源支持，投入巨资加强传播，夯实心智。

科沃斯财报显示，2020年，添可品牌实现销售收入12.59亿元，较上年增长361.64%。科沃斯2021年中期业绩公告显示，添可品牌收入同期增长817%。截至2021年7月，添可市场占有率为76.2%，成为真正的品类之王。

久盛如何通过品类创新突破企业增长瓶颈

一个身处低增长甚至负增长市场的企业和品牌，如何找到市场中的增长极，抢先定义并占据新品类，实现企业的整体增长。久盛的品类创新实践为我们提供了示范。

久盛通过心智洞察（放大成功产品、聚焦分化老品类）和市场洞察（未被重视的老问题）发现了新品类机会。

久盛公司以实木地板起家，主要涉足三个品类：实木地板、复合地板、强化地板。2016 年，实木地板占据久盛七成销售额和七成毛利，但实木地板整体品类增长乏力，2007 ～ 2015 年，国内实木地板品类甚至呈现下滑趋势，这对久盛的成长带来极大的挑战，必须要寻找新的突破。

心智洞察发现，久盛地板存在通过"放大成功产品"和"聚焦分化老品类"来实现品类创新的机会。久盛旗下的一款实木地热地板产品"暖宝旺"在久盛各产品的销量中成长最快，在实木产品中，利润率最高。综合各方面信息估算，实木地热地板品类市场规模已达到 20 亿元（约 600 万～ 700 万平方米），占整个实木地板份额的 15% ～ 18%，未来潜在容量更为可观，长期看可达百亿元。随着地暖逐渐普及，实木地热地板的品类潜力将会进一步释放。此外，实木地热地板更符合消费者的健康认知，在加热环境中，含有胶水的地板会加速释放甲醛，这类危害健康的问题得到消费者的高度关注。而实木不含胶水，成为品类在认知上的最大优势。

消费者访谈发现，大多数消费者心智中并不存在实木地热地板代表性品牌，久盛在实木地板中的主要对手大自然和世友以强化地板和复合地板为主，仅以产品系列形式推广实木地热地板，并未启用独立品牌运作。天格和柏尔等对手虽是专注于实木地热地板的专家品牌，但是体量小、实力弱，并未形成心智认知影响。久盛存在抢先占心智的机会。

确定目标之后，在里斯战略定位咨询的帮助下，久盛重建了新品类 4N 设计，如图 5-31 所示。

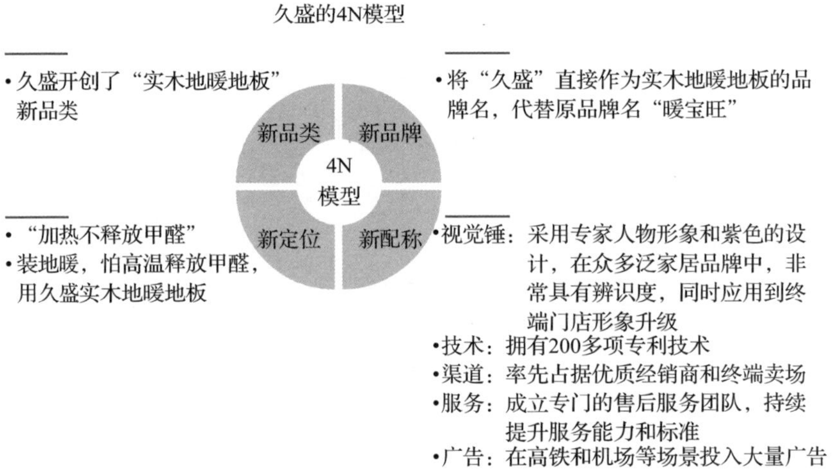

久盛的4N模型

・久盛开创了"实木地暖地板"新品类

・将"久盛"直接作为实木地暖地板的品牌名，代替原品牌名"暖宝旺"

【新品类　新品牌】
【4N 模型】
【新定位　新配称】

・"加热不释放甲醛"
・装地暖，怕高温释放甲醛，用久盛实木地暖地板

・视觉锤：采用专家人物形象和紫色的设计，在众多泛家居品牌中，非常具有辨识度，同时应用到终端门店形象升级
・技术：拥有200多项专利技术
・渠道：率先占据优质经销商和终端卖场
・服务：成立专门的售后服务团队，持续提升服务能力和标准
・广告：在高铁和机场等场景投入大量广告

图 5-31　久盛的 4N 模型

在品类名方面，由于原行业品类名"地热地板"容易引起歧义，被消费者认为是可以自发热的地板，于是我们建议更换品类名为实木地暖地板。此后，整个地板行业都跟随久盛步伐将品类名统一为"实木地暖地板"。

在品牌名方面，企业使用的实木地暖地板品牌"暖宝旺"认知度低、教育成本高，不宜作为品牌名。而"久盛"已经积累了一定的认知基础，同时，"实木"的认知基础牢固，更利于快速抢占心智，因此将"久盛"直接作为实木地暖地板的品牌名。

在定位方面，由于品类内的主要竞争对手体量小，不具备攻击价值。久盛的主要任务在于攻击其他品类，进行品类教育并扩大本品类，需要为实木地暖地板品类进行定位。基于品类的容量和价格，界定复合地板为主竞争对手，全力攻击竞争品类的弱点，进行品类教育并扩大本品类，进而抢占并收割竞争品类的份额。复合地板最大的弱势在于其板材中含有胶水，加热时会加速释放甲醛。而实木地暖地板最大的优势恰恰是"加热不释放甲醛"。因此，新定位确立为"加热不释放甲醛"，传播语定为"装地暖，怕高温释放甲醛，用久盛实木地暖地板"，如图 5-32 所示。

图 5-32　久盛视觉锤与定位传播语

为了抢占实木地暖地板的心智空间，应对潜在竞争对手，久盛有节奏、有策略地建立了全新的配称。

导入全新视觉锤。采用专家人物形象和紫色设计，在众多泛家居品牌中，非常具有辨识度。同时，1000家店面切换"实木地暖地板"门头，如图5-33所示。

图 5-33　久盛"实木地暖地板"门头

终端门店形象升级。久盛迅速启动全国门店形象升级，一年内，完成了全国1800家终端门店的产品结构调整，同时对终端形象和视觉进行了升级，包括终端销售辅助道具、导购话术的系统性升级。升级后，久盛成为全国实木地暖地板品类门店数量最多的品牌。

加强技术创新。持续加大技术创新，久盛先后拥有200多项专利技术，其中三元反锁扣、微波分子震荡、衡芯应力槽、四面封漆两端封蜡等技术的发明，大大提升了久盛实木地暖地板在地暖环境下的导热性和稳定性，确保了产品质量口碑。

快速抢占渠道。率先占据优质经销商和终端卖场，是抢占品类机会的重要配称，为此，久盛迅速和国内领先的家居卖场红星美凯龙和居然之家形成战略合作，确保率先抢占优质渠道最佳位置。

加强服务体系。实木地暖地板依赖专业的售后安装，久盛成立专门的售后服务团队，持续提升服务能力和标准。

加强品牌传播。久盛在高铁站、机场等场所大量投入广告，抢占新品类心智认知，如图5-34所示。

图 5-34　久盛高铁站广告

在新战略的推动下，2017 ～ 2021 年，久盛实现实木地暖地板品类全国销量第一，品类之王地位初步形成。当原有实木地板品类不增长甚至负增长的情况下，久盛凭借品类创新，从竞争中脱颖而出，终端销售额从 10 多亿元提升至近 30 亿元，利润大幅提升。更为重要的价值在于企业成功主导了一个品类，不仅在实木地板品类的心智地位大幅提升，而且借助实木地暖地板品类成为高端实木地板领导品牌。

6

展望：战略的终结与
实践的开始

在本书的最后一部分，我们将结合时代赋予企业的历史性的品类创新机会，对品类创新作为一种"终极的企业战略"这一命题作出进一步阐述。同时，对品类创新方法广阔的实践和发展前景作出展望。

拥抱品类大爆炸时代

在地球漫长的历史长河中，距今约 5.3 亿年的"寒武纪生命大爆发"一直是一个谜，为何在短短的 2000 万年里，地球上突然涌现出各种各样的生物，节肢、腕足、蠕形、海绵、脊索动物等一系列与现代动物形态基本相同的动物在地球上"集体亮相"，形成了多种门类动物同时存在的繁荣景象。

今天，人类的商业社会同样正在进入一个"商业寒武纪"

时代，外部环境的剧变为新品类的诞生提供了极为有利的条件。

第一个核心催化剂是超级技术时代的来临，人工智能、大数据、云计算、脑机连接、基因技术、元宇宙等，将会孕育出大量的超级品类。

第二个核心催化剂是消费观念的大迭代。人类在过去数十万年中建立起来的消费习惯，在今天新健康意识的推动下，发生着重要变化。比如糖和碳水就是典型的例子，糖一直是人们以最低成本获得热量的方式，碳水同样如此，已经深深植根于人们的日常饮食。然而，糖和碳水给健康带来了巨大风险。无糖、低碳水的观念在食品领域逐渐流行。

人们对糖和碳水态度的转变只是消费观念大迭代中的一个缩影。衣、食、住、行，在几乎所有与我们生活息息相关的领域，你都可以找到类似的情形。这对传统企业是一个巨大的挑战，对于品类创新者则是一个巨大的机遇。

全球汽车行业已经开始了史上最重要、最大规模的品类创新。新能源汽车吸引了全球最重要的企业：除了原有的几乎所有传统燃油车巨头，还包括苹果、谷歌，中国的华为、格力、美的、360。我相信如果乔布斯在世，也绝不会错过这个伟大的品类。最终谁将把握这些机会呢？唯一重要的因素是看谁能主动开创新品类，抢占心智。当传统燃油车巨头还在延续原来的品牌时，我们欣喜地看到，以长城汽车为代表的中国汽车企业已经坚定地迈出了与全球汽车巨头不一样的步伐：启动了品类创新，并使用新的品牌。再说一遍：竞争的终极战场是心智，而不是市场。

食品饮料行业同样如此。人们对糖的消费观念的转变与技术革命结合，将诞生近一百年来最重要的颠覆性机会，以可口可乐为代表的传统饮料品类和品牌将受到冲击，同时将波及各个食品饮料品类以及原来的品类之王……

面对即将到来的"新品类大爆炸"，每一个心怀梦想的企业家和创业者都不应该辜负这个时代，不应该错过这个千载难逢的历史机遇。不过，在创造新品类之前，所有企业家都应该首先"刷新"自己。

战略历史的终结

100多年来，关于"战略"的新理论和概念层出不穷，几乎每过5～10年，就会有新的战略概念出现，其中大多数用不了几年又消失得无影无踪。我们应该思考一个问题：关于战略，不变的是什么？如果把握住了不变的东西，我们就可以应对任何变化，做到"以不变应万变"。

德国伟大的哲学家黑格尔曾经提出过一个著名的哲学概念，叫作"历史的终结"。他的主要观点是，哲学层面的历史和我们一般认为的历史不同。一般认为，历史是指已经发生的"大事件"的集合，如同教材上的那些"史实"。但黑格尔所说的"历史"则不同：把全人类在一切时代的经验都纳入解释的范畴，并将之理解为一个唯一、连续、不断演化的历史。人类社会的演化并不是无限开放的，在人类达成一个能够满足其最深层、最根本愿望的社会形式之后，它就终结了。这就是哲学层面的"历史的终结"。

这个终点是什么？如何找到这个哲学层面的历史终点？黑格尔认为，要找到人类的终点，必须找到推动人类发展的根本动力。一般认为，经济就是推动人类发展的根本动力。黑格尔并不这样认为，人和动物一样，有饮食居住和自我保护的自然需要和欲望。但人从根本上不同于动物的是，他想要"被承认"，即作为一个具有某种价值或尊严的存在者而被承认。唯有人能够为更高的抽象原则和目标去克服他最基本的动物本能，尤其是自我保存的本能。

黑格尔深刻地指出：历史的驱动力是人类寻求承认的斗

争。他认为,当法国大革命发生的时候,人类已经找到这个终点,就是"民主和自由"。民主和自由就是人类发展的终点,因为民主和自由可以让每个人得到认可。所以人类社会一定会向民主和自由的阶段发展,这是必然的。因此,黑格尔认为,在哲学层面,人类的历史已经终结了,剩下的只是实践。

在商业领域,战略是否同样存在"历史的终结"?大约60年前,定位之父艾·里斯先生提出了定位理论,首次宣告:商业竞争的终极战场不是工厂、不是市场,而是潜在顾客的心智。这一开创性的洞见,揭示了商业战略的终点——心智。

艾·里斯先生和他的伙伴用了60年的时间,在商业实践中不断寻找占据心智的终极的方法——也就是终极的定位。在定位诞生之后的28年里,他们研究的核心主题就是如何占领终极战场,如何占据顾客的心智。他们最初在《定位》中提出三种定位方法:抢先定位、关联定位、给竞争对手重新定位。然后又在《商战》中给出商战的四种战略模型,根据不同心智地位选择防御、进攻、侧翼或游击战。

聚焦是竞争战略中最根本、最核心、最难实践的原则。聚焦对外形成"专家"认知,具有认知优势;对内推动取舍,

"不做什么"比"做什么"更重要，形成资源优势。尽管很多企业家都认同聚焦，但是实践中面临着一个难题：聚焦的尺度是什么呢？品类创新的诞生，解决了这个难题。也就是说，聚焦的尺度就是品类。

回顾商业发展史，我们可以清晰地看见一条定律：公司比产品寿命长，品牌比公司寿命长。这正是心智的力量：稳固的认知一旦形成就恒久不变。这意味着，基于心智的品类创新，成为企业发展的终极力量，由此宣告了企业战略"历史的终结"。

几乎没有企业不想永续发展，没有企业家不想建立领导者品牌。因此，成为潜在顾客心智中的品类第一，是企业的终极追求，也是企业战略的终极目标。

在过去的 60 年里，定位提供了如何让品牌在心智阶梯中移动的有效方法。尽管如此，这仍是一场艰难的战争。让品牌在心智阶梯中从第六、第七上升到数一数二，不仅需要耗费巨大的资源，还需要投入时间、运气。历史一再告诉我们，心智第一的位置几乎很难撼动，除非品类衰落或者第一品牌犯下严重错误。

品类创新通过开创一个认知中的新品类，让品牌起步就成为"第一"，拥有"第一"的势能和影响，实现了企业战略的终极目标。正因如此，艾·里斯先生说品类创新是终极的定位，也是终极的企业战略。

回归企业根本目的

为什么品类创新具有如此巨大的力量？从外部看，它符合人类最根本的心智模式；从内部看，它回归到企业经营的根本，呼应着企业存在的目的。

从外部顾客来看，品类创新符合并利用了人类最重要的心智模式，不仅在进入心智、心智存储、形成认知壁垒上具有先天优势，更重要的是，品类创新是一种"无限游戏"，因为心智中容纳新品类的机会趋向无限，所以品类创新的机会也是无限的。

从企业自身来看，诚如彼得·德鲁克所言，企业的唯一目的是创造顾客。为了创造顾客，企业只有两个基本职能——营销和创新。品类创新将三者完美地结合起来：从顾客心智出发，通过创新品类和包括营销在内的配称体系，企业可以创造真正的品类之王。因此，艾·里斯先生才说：企业只有一个职能，就是不断地开创和主导新品类。

品类创新作为企业战略的成效已被实践验证。无论过去还是现在，从全球来看，那些各个行业规模最大、利润最高的企业，如可口可乐、苹果、宝洁、特斯拉等，成功的秘密都在于持续创新品类，成为品类之王。当企业处于持续开创新的品类并成为品类之王的阶段，往往属于其发展的巅峰阶段，而一旦丧失了品类创新的能力，就会陷入困境。可口可乐销量下滑，宝洁公司遇到发展瓶颈，都是因为他们太久没有创造出新的品类之王了。

战略已终结，实践将永恒

杰出的哲学家亚历山大·柯耶夫是 20 世纪最伟大的黑格尔哲学观点的诠释者。他说，历史已经终结了，世界观和方法论已经完成了，哲学家的使命已经完成了，剩下的就只有实践。

当"如何占据心智"这个命题经历了 60 年的持续思考，经历了对大量企业实践经验的总结和教训的反思之后，我们站在彼得·德鲁克、艾·里斯等大师的肩膀上，结合人类心智研究的最新成果，提出"品类创新"的理念和方法。我相信，它的力量将被更多企业在更长时间中反复验证。

过去数十年，我们充分借鉴了中国和美国全球两大商业创新和战略实验室的观察成果。美国是全球商业创新及战略最好的实验室之一，为定位思想的进化做出了巨大贡献。随着中国成为全球品类创新和商业实践的中心，我们通过近距离观察、研究，亲自参与企业的品类创新实践，获得了显著的成果。"里斯品类创新思维模型"就是其中最重要的成果。作为1.0版本，它也许并不完美，但对于身处"品类大爆炸时代"的企业来说，它所传达的思想和方法论，将指引勇于创新、敢于实践的企业实现腾飞。这也是我们在这个时间点推出本书的初衷。

战略的历史已然终结，实践将成为永恒。我们期待更多企业家、创业者认识到品类创新的重要价值并参与其中，共同开创美好未来。